Evaluierung in der kirchlichen Entwicklungsarbeit.
Ein Arbeitsbuch für Partnerorganisationen und Hilfswerke

MISEREOR-DIALOG

Herausgegeben vom Bischöflichen Hilfswerk Misereor e.V.
Redaktionsbeirat: Reinhard Hermle, Ulrich Koch, Erwin Mock und Wolfgang Schoop (verantwortlich)

1   *Hermann Pössinger/Wolfgang Schoop u. a.*
     Der Kampf gegen den Hunger

2   *Magdalene Oberhoffer/Arnold Radtke u. a.*
     Bevölkerungswachstum, Entwicklungsarbeit und Familienplanung

3   *Wolfgang Schoop u. a.*
     Dezentralisierung. Impuls zur Selbsthilfe
     Erfahrungen mit „Fonds zur Förderung örtlicher Gemeinschaftsinitiativen"

4   *Bartolomé Peirano/Hermann Pössinger*
     Ländliche Entwicklung in Chile.
     Kredit- und Revolvingfonds in der kirchlichen Entwicklungsarbeit

5   *Eike Jakob Schütz*
     Städte in Lateinamerika. Barrio-Entwicklung und Wohnbau

6   *Martin Bröckelmann-Simon u. a.*
     Gemeindezentren in Brasilien.
     Raum für Hoffnung und Aktion

7   *Bernd Bornhorst u. a.*
     Entwicklungsarbeit auf dem Land.
     Beispiele aus drei Kontinenten

8   *Hans-Rimbert Hemmer/Herbert Kötter u. a.*
     Armutsorientierte kirchliche Entwicklungsarbeit.
     Eine sozio-ökonomische Analyse

9   *Godfried Deelen*
     Educación Popular als Instrument der Entwicklung und Befreiung in Lateinamerika
     (in Vorbereitung)

10   *Martin Dütting u. a.*
     Evaluierung in der kirchlichen Entwicklungsarbeit.
     Ein Arbeitsbuch

Evaluierung in der kirchlichen Entwicklungsarbeit

Ein Arbeitsbuch für Partnerorganisationen und Hilfswerke

Von Martin Dütting, Volker Kasch, Heinz-Bernd Knüvener, Reinhard Koppe, Joachim Lindau, Erika Märke, Manfred Wadehn

Herausgegeben von der Arbeitsgemeinschaft Kirchlicher Entwicklungsdienst der evangelischen Kirchen und dem Bischöflichen Hilfswerk Misereor

AGKED   **MISEREOR**

Die „*Arbeitsgemeinschaft Kirchlicher Entwicklungsdienst*" *(AGKED) ist der Zusammenschluß der entwicklungsbezogenen Organe und Organisationen innerhalb der Evangelischen Kirche in Deutschland.*
In der AGKED arbeiten seit 1970 die folgenden fünf Organisationen zusammen:
- *Brot für die Welt (BfdW)*
- *Dienste in Übersee (DÜ)*
- *Evangelische Zentralstelle für Entwicklungshilfe (EZE)*
- *Evangelisches Missionswerk (EMW)*
- *Kirchlicher Entwicklungsdienst (KED).*

Die Deutsche Bibliothek – CIP-Einheitsaufnahme

Evaluierung in der kirchlichen Entwicklungsarbeit:
ein Arbeitsbuch für Partnerorganisationen und Hilfswerke /hrsg. von der Arbeitsgemeinschaft Kirchlicher Entwicklungsdienst und dem Bischöflichen Hilfswerk Misereor.
Von Martin Dütting ... – Stuttgart: AGKED; Aachen: Misereor, 1992
(Misereor-Dialog; 10)
ISBN 3-88916-098-0
NE: Dütting, Martin; Arbeitsgemeinschaft Kirchlicher Entwicklungsdienst; Misereor, Aktion gegen Hunger und Krankheit in der Welt, Bischöfliches Hilfswerk: Misereor-Dialog

© 1992 AGKED, Stuttgart, Kniebisstraße 29
Misereor-Vertriebsgesellschaft, Aachen, Mozartstr. 9

Fotonachweis:
KNA/Misereor: S. 13, 17, 31, 49, 53, 59, 71, 79, 103, 111
CIRIC: S. 37, 63

Redaktion: Ernst Klahsen
Layout: Annegret Schroif
Titel-Signet: Bernd Saßmannshausen
Satz und Repro: Josef Velz KG, Aachen
Druck: Leufgens GmbH, Stolberg

INHALTSÜBERSICHT

VORWORT
**EVALUIERUNG UND PARTNERSCHAFT –
LÄSST SICH DAS VEREINBAREN?** ... 9

KAPITEL 1
**DAS EVALUIERUNGSVERSTÄNDNIS KIRCHLICHER
ENTWICKLUNGSARBEIT** ... 12

1.1	**Warum wird in der kirchlichen Entwicklungsarbeit die Evaluierung immer wichtiger?**	12
1.1.1	Auswertung von Erfahrungen und konzeptionelle Weiterentwicklung	14
1.1.2	Gemeinsame Wirkungsbeobachtung mit unseren Partnern	15
1.1.3	Intensivierung des Dialoges und Stärkung der Eigenverantwortlichkeit der Partner	16
1.1.4	Dokumentation der Ergebnisse der Entwicklungsförderung und Sicherung der Kontinuität in der Zusammenarbeit	18
1.1.5	Grundlagen für die Erarbeitung von Positionen für die kirchliche Diskussion sowie für die entwicklungspolitische Auseinandersetzung	19
1.2	**Warum riefen Evaluierungen in der Vergangenheit häufig negative Vorstellungen wach?**	19
1.3	**Worin unterscheiden sich die Evaluierungs- und Projektbegleitungskonzepte im staatlichen und im kirchlichen Bereich?**	20

KAPITEL 2
KONZEPTE DER EVALUIERUNG ... 22

2.1	**Wie läßt sich das Instrument Evaluierung definieren?**	22
2.2	**Mit welchen Zielen werden Evaluierungen durchgeführt?**	22
2.2.1	Entscheidungsorientierung	22
2.2.2	Reflexions- und Lernorientierung	23
2.2.3	Wissensorientierung/Forschungscharakter	23
2.3	**Rechnungsprüfung und Evaluierung**	24

2.4	**Welche Evaluierungsarten gibt es?**	25
2.4.1	Gemeinsame Evaluierungen	29
2.4.2	Selbstevaluierungen der Partnerorganisationen	32
2.5	**Welcher Zusammenhang besteht zwischen der Planung und der Evaluierung von Projekten?**	38
2.5.1	Wer plant die Projekte?	38
2.5.2	Warum sind klare Projektziele notwendig?	38
2.5.3	Warum sind gründliche Vorstudien zweckmäßig?	38
2.5.4	Weshalb sind Trägerstrukturanalysen wichtig?	39

KAPITEL 3
WIE WIRD EINE EVALUIERUNG VORBEREITET? 40

	Vorbemerkung	40
3.1	**Wie wird der Referenzrahmen erarbeitet?**	40
3.2	**Was der Referenzrahmen zu den Untersuchungsmethoden aussagen sollte**	44
3.3	**Wichtige methodische Ansätze**	47
3.3.1	Welche methodischen Fragen ergeben sich aus dem Zeitpunkt der Evaluierung?	47
3.3.2	„Methodenmix"/ Angepaßtheit der Methoden	47
3.3.3	Von Quantität und Qualität	48
3.3.4	Methoden der Partner aufgreifen	50
3.3.5	Partizipatorische Evaluierungsansätze	51
3.3.5.1	*Soziale Kontrolle bei den Betroffenen*	52
3.3.5.2	*Wissen stärkt Handlungsfähigkeit*	52
3.3.5.3	*Organisierte gemeinsame Aktion*	54
3.3.5.4	*Bereicherung durch Beteiligung Außenstehender*	54
3.3.5.5	*Authentizität bedeutet Validität*	54
3.3.5.6	*Methodenübersicht*	55
3.3.5.7	*Voraussetzungen für den partizipatorischen Ansatz*	56
3.3.5.8	*Die Beteiligung der Hilfswerke ist schwierig*	57
3.3.5.9	*Eigendynamik des Prozesses*	57
3.3.6	Welche Ansätze zur Beurteilung des wirtschaftlichen Erfolges von Projekten und Programmen gibt es, inwieweit brauchen wir Kosten-Nutzen-Analysen?	58

3.4	Wie wird das Evaluierungsteam zusammengestellt und wie werden die Aufgaben festgelegt?	60
3.4.1	Wie viele und welche Personen sollte das Team umfassen?	60
3.4.2	Arbeitsteilung im Team	64
3.4.3	Vorbereitung der Evaluierung durch das Evaluierungsteam	65
3.4.3.1	*Auswertung vorhandener Materialien und Dokumente*	65
3.4.3.2	*Erstellung eines Arbeitsplanes*	67

KAPITEL 4
WIE WIRD EINE EVALUIERUNG DURCHGEFÜHRT? 69

4.1	**Welche organisatorischen Aufgaben müssen erfüllt werden?**	69
4.2	**Wie wird die Durchführung zeitlich geplant?**	70
4.3	**Merksätze zur Durchführung der Evaluierung**	70
4.4	**Der Evaluierungsbericht**	72
4.5	**Kosten und Finanzierung**	74

KAPITEL 5
WELCHE GRUNDSÄTZE SOLLEN BEI DER AUSWERTUNG UND UMSETZUNG VON EVALUIERUNGSERGEBNISSEN BEACHTET WERDEN? 77

5.1	Welche Ziele sollte das Auswertungsgespräch verfolgen?	77
5.2	Welche Faktoren erschweren die Umsetzung von Evaluierungsergebnissen?	78
5.3	Weshalb sind Follow-up-Prozesse in der Evaluierungspraxis unverzichtbar?	80
5.4	Wie kann sichergestellt werden, daß die Auswertungsergebnisse in der Praxis berücksichtigt werden?	81
5.5	Welchen Beitrag können Evaluierungen zur konzeptionellen Weiterentwicklung und zur Bewertung der Erfolgsbedingungen eingesetzter Instrumente leisten?	81
5.6	Welche Funktion können Evaluierungsberichte im Rahmen der Fortbildung haben?	82
5.7	Welche Grundsätze sollten bei der Weitergabe und Veröffentlichung von Evaluierungsstudien beachtet werden?	82

	BIBLIOGRAPHIE	84
1.	Kernbibliographie	84
2.	Theologisch-entwicklungspolitische Grundlagendokumente	90
3.	Sozialwissenschaftlich-statistische Methodenbox	90
4.	Wirtschafts- und Managementliteratur	91
5.	Soziologie, Psychologie, sozialpsychologische Literatur	92
	ANHÄNGE	93
Anhang 1.	**Glossar**	93
Anhang 2.	**Hinweise zur Methodenwahl und -anwendung**	98
Anhang 2.1	Wie „wissenschaftlich" muß oder darf eine Evaluierung sein?	98
Anhang 2.2	Was ist von teilnehmender Beobachtung bei Evaluierungen zu halten?	100
Anhang 2.3	Worauf kommt es bei Befragungen in erster Linie an und welche Formen eignen sich dafür?	101
Anhang 3.	**Methodische Fallbeispiele**	102
	Vorbemerkung	102
Anhang 3.1	Die GRAAP-Methode	102
Anhang 3.2	Die ZOPP-Methode	105
Anhang 3.3	Die DELTA-Methode	108
Anhang 3.4	Der Ansatz der ENDA-GRAF-Gruppe	112
Anhang 4.	**Phasenschema der praktischen Durchführung einer Evaluierung**	113
Anhang 4.1	Vorbereitungsphase	113
Anhang 4.2	Durchführungsphase	114
Anhang 4.3	Auswertungsphase	114
Anhang 4.4	Umsetzungsphase	114
	DIE AUTOREN	115

VORWORT
EVALUIERUNG UND PARTNERSCHAFT – LÄSST SICH DAS VEREINBAREN?

Seit über 30 Jahren besteht die Entwicklungsförderung der evangelischen und der katholischen Kirche in Deutschland. Sie besaß und besitzt schon immer einen besonderen Charakter, der in den langjährigen Beziehungen unserer Kirchen – der Missionswerke und Entwicklungsorganisationen – zu Kirchen und Partnerorganisationen in Afrika, Lateinamerika und Asien seine Wurzeln hat. Diese partnerschaftlichen Verbindungen bilden das Fundament der kirchlichen Entwicklungszusammenarbeit.

Wie sind die von unseren Einrichtungen geförderten Projekte und Programme der Entwicklungszusammenarbeit zu bewerten? Sind wir in der Lage, Erfolge der Entwicklungsförderung vorzuweisen angesichts der dramatischen Verschlechterung der sozialen Lage der Armen, des deutlich sichtbaren Prozesses der Verelendung sowie der strukturellen Verfestigung der Armut in den Ländern der Dritten Welt? Das sind grundsätzlich kritische Anfragen an unsere Praxis, die sich im Blick auf konkrete Maßnahmen präzisieren lassen:

- Wenn wir als kirchliche Hilfswerke durch unsere Partnerorganisationen das Privileg haben, die Armen direkt zu erreichen, kann das schon als ein ausreichender Beleg für den Erfolg, d. h. die Nachhaltigkeit und die Breitenwirksamkeit von Entwicklungsprogrammen der Armutsbekämpfung angesehen werden?
- Ist die Basisnähe an sich schon ein Garant für jeglichen Erfolg und die Partizipation jener Bevölkerungsgruppen, die Nutznießer von Programmen sein sollen?
- Tragen wir der Würde und den Interessen von Frauen und Männern, Erwachsenen und Jugendlichen in ihrer jeweils spezifischen Situation hinreichend Rechnung?
- Wird die Umwelt z. B. mit Hilfe des Einsatzes umweltschonender Techniken und Methoden des standortgerechten Landbaus ausreichend geschützt?

Dies sind nur einige Beispiele notwendiger Fragen, die bei der Durchführung von Entwicklungsprojekten unserer Partnerinnen und Partner gestellt werden müssen. Das Instrument der Evaluierung soll helfen, mit ihnen gemeinsam Antworten auf diese Fragen zu finden.

Wie müssen Evaluierungen gestaltet werden, um die gewünschten Aufschlüsse geben zu können? Sind die herkömmlichen Methoden der Kosten-Nutzen-Analyse oder der Wirkungsanalyse, die von staatlichen und internationalen Entwicklungsorganisationen bevorzugt angewendet werden, auch für kirchliche Hilfswerke anwendbar?

Für uns stellt sich hinsichtlich unserer eigenen Entwicklungspraxis die Frage, welches entsprechend modifizierte und erweiterte Instrumentarium der Evaluierung unserer Auffassung von Partnerbeziehungen und unserem Verständnis des komplexen Prozesses „Entwicklung" gerecht werden kann.

Die Grundlage dieses Arbeitsbuches bildet ein gemeinsames Verständnis kirchlicher Entwicklungsarbeit, die theologisch die zentrale Stellung der Armen im Evangelium betont. Die Hinwendung zu ihnen sowie das solidarische Eintreten für die Rechte und Interessen der Armen sind ein wesentlicher Auftrag der Kirchen. Gerade auch theologische Reflexionen aus der Dritten Welt haben hier ihren Ausgangspunkt; eindrucksvoll ist dies z. B. in Lateinamerika mit dem Begriff „Option für die Armen" formuliert worden.

Die theologischen Grundlagen der kirchlichen Entwicklungsarbeit werden im vorliegenden Buch nicht weiter thematisiert. Deshalb soll in diesem Zusammenhang auf die folgenden grundlegenden Beschlüsse bzw. Dokumente hingewiesen werden, aus deren Verständnis kirchlicher Entwicklungsarbeit in diesem Arbeitsbuch Prinzipien und Methoden partizipativer Evaluierungsprozesse begründet und hergeleitet werden:

– „Der Entwicklungsdienst der Kirchen – ein Beitrag für Frieden und Gerechtigkeit in der Welt". Eine Denkschrift der Kammer der Evangelischen Kirche in Deutschland für Kirchlichen Entwicklungsdienst (1973) mit den ergänzenden Beschlüssen der Synode der Evangelischen Kirche in Deutschland (1986) zum Thema „Entwicklungsdienst als Herausforderung und Chance".

– Enzyklika „Sollicitudo Rei Socialis" von Papst Johannes Paul II. / Zwanzig Jahre nach der Enzyklika „Populorum Progressio", 30. Dezember 1987.

Das hier vorgelegte Arbeitsbuch ist das Ergebnis eines mehrjährigen Dialoges über Evaluierungsfragen zwischen Misereor und AGKED sowie mit deren Partnerorganisationen. Unter anderem wurden 1990 in Nairobi und Abidjan gemeinsame Workshops durchgeführt. Wesentliche Empfehlungen dieser Workshops sowie die Hinweise und Ergebnisse zahlreicher Gespräche über Evaluierungsfragen sind in der nun vorliegenden Fassung des Arbeitsbuches berücksichtigt worden.

Das Arbeitsbuch richtet sich in erster Linie an die Mitarbeiterinnen und Mitarbeiter in unseren eigenen Entwicklungshilfeeinrichtungen und soll als ein praktischer Leitfaden für die Durchführung von Evaluierungen nutzbar sein.

Gleichzeitig will es einen aktuellen Diskussionsbeitrag darüber liefern, was wir unter Zielen, Inhalten und Methoden von Evaluierungen verstehen. Somit handelt es sich bei diesem Text nicht um einen wissenschaftlichen Beitrag, sondern vielmehr um eine Handlungsanleitung für die Entwicklungsarbeit und um eine Plattform für den Erfahrungsaustausch und den Dialog mit unseren Partnerorganisationen.

Mit der Veröffentlichung dieses Arbeitsbuches betrachten wir den Dialog über Evaluierungsfragen daher keineswegs als abgeschlossen. Er muß als offener Prozeß kontinuierlich weitergeführt werden.

Pfarrer
Rainer Lingscheid
Geschäftsführer
der AGKED

Prälat
Norbert Herkenrath
Geschäftsführer
des Bischöflichen
Hilfswerkes Misereor

KAPITEL 1
DAS EVALUIERUNGSVERSTÄNDNIS KIRCHLICHER ENTWICKLUNGSARBEIT

1.1 Warum wird in der kirchlichen Entwicklungsarbeit die Evaluierung immer wichtiger?

Die großen internationalen Entwicklungsorganisationen, wie die Weltbank und die OECD, sowie die staatlichen und halbstaatlichen Entwicklungsinstitutionen, wie US-Aid, das Bundesministerium für wirtschaftliche Zusammenarbeit (BMZ) und die Kreditanstalt für Wiederaufbau (KfW), haben die Evaluierung auf dem Entwicklungssektor eingeführt und bekannt gemacht. Es gibt heute eine Vielzahl von Publikationen, in denen Evaluierungsprobleme und -methoden dargestellt werden, die sich ausschließlich auf Entwicklungsprojekte dieser Organisationen und Institutionen beziehen.

Evaluierungskonzepte für staatliche Großprojekte

Evaluierungskonzepte entstanden in erster Linie als Antwort auf die Anforderungen staatlicher Großprojekte und damit verbundener kapitalintensiver wachstums- und technologieorientierter Entwicklungsvorhaben. Aus dieser Gesamtorientierung erklärt sich in den sechziger und siebziger Jahren auch die Dominanz sowie eine vorwiegend schematische Anwendung volks-

Kosten-Nutzen-Betrachtung

und betriebswirtschaftlicher Kosten-Nutzen-Analysen (cost-benefit-analysis). Die Wissenschaft beschäftigte sich in der Vergangenheit ebenfalls vorwiegend mit Evaluierungskonzepten und -verfahren, die von den Institutionen der staatlichen und multilateralen Entwicklungszusammenarbeit praktiziert und nachgefragt wurden.

Partizipative Evaluierungskonzepte der kirchlichen Hilfswerke

Aus diesen Gründen wurde das Instrument der Evaluierung in der kirchlichen Entwicklungsarbeit lange Zeit als nur bedingt hilfreich eingestuft. Erst die Erarbeitung eigener partizipativer Evaluierungskonzepte hat auch innerhalb der kirchlichen Hilfswerke einen Umdenkungsprozeß eingeleitet.

Inzwischen wächst – auch bei kleineren Entwicklungsorganisationen – der Wunsch, sich intensiver mit dem

Seit über 30 Jahren bilden die partnerschaftlichen Beziehungen der evangelischen und der katholischen Kirche in Deutschland zu Kirchen und Partnerorganisationen in Afrika, Asien und Lateinamerika das Fundament der kirchlichen Entwicklungszusammenarbeit.
(Begegnung auf einer Missionsstation in Mali)

Instrument Evaluierung zu beschäftigen. Dafür sind vor allem folgende Gründe verantwortlich:

Initialförderung versus Langzeitförderung

– Nach ca. 30 Jahren Erfahrung in der Entwicklungsarbeit wird der Wunsch nach Überprüfung der Programm- und Projektkonzeptionen stärker. Dabei spielt auch die Erkenntnis eine wesentliche Rolle, daß sich das Konzept der Initialförderung weitgehend in verschiedene Formen mittel- und langfristig angelegter Zusammenarbeit umgewandelt hat, die neue Instrumente der Projekt- oder Programmbegleitung erforderlich machen. Dies kommt im Übergang von befristeten und sektoralen Projekten zu integrierten, umfassenden Entwicklungsprogrammen zum Ausdruck.

Neue Orientierungen

– In diesem Zusammenhang wächst das Interesse, insbesondere auch bei unseren Partnerorganisationen im Süden, aus den langjährigen Erfahrungen zu lernen und entsprechend neue Orientierungen zu gewinnen.

Begrenzte Auskunftsfähigkeit der kirchlichen Hilfswerke

– Während die staatliche Entwicklungszusammenarbeit oft recht kritisch bewertet wird, ist die entwicklungspolitische Arbeit der Nichtregierungsorganisationen in den letzten Jahren außerordentlich positiv in der Öffentlichkeit herausgestellt worden. Da konkrete Informationen in der Form umfassender empirischer Untersuchungen über die erreichten Wirkungen ihrer Arbeit mit den Partnern in Übersee kaum oder zumindest nicht in ausreichendem Maße vorhanden sind, sind die kirchlichen Hilfswerke nur begrenzt in der Lage, auf entsprechende Anfragen zu antworten.

1.1.1 Auswertung von Erfahrungen und konzeptionelle Weiterentwicklung

Bedarf an konzeptioneller Weiterentwicklung

Nach langjährigen praktischen Erfahrungen in der Entwicklungsarbeit ist bei uns ein dringender Bedarf an konzeptioneller Weiterentwicklung entstanden. Bislang wurden Projekterfahrungen selten in systematischer Form, z. B. mit Hilfe von Wirkungs- und Querschnittsanalysen, ausgewertet, obwohl sie eine gute Grundlage für die Entwicklung einer eigenständigen Konzeption bilden. Eine kontinuierliche Weiterentwicklung und Anpassung der Konzeptionen an veränderte politische, soziale und wirtschaftliche Rahmenbedingungen bietet zudem eine Chance für weitere Qualifizierung – auch im wohlverstandenen Interesse unserer Partner. Sie wird in Zukunft zur Sicherung von Projekterfolgen unerläßlich sein.

Wenig Hilfestellung von der Entwicklungstheorie

Die entwicklungstheoretische Diskussion hat bisher nur geringe Hilfestellung und wenig konkrete Handlungsanweisungen zur Überwindung von Armut geliefert. Dies liegt u. a. daran, daß ihre Erklärungsansätze eher auf der Ebene gesamtgesellschaftlicher Zusammenhänge angesiedelt sind als auf der Mikroebene des Dorfes, der „Graswurzelebene", auf der sich die Entwicklungsarbeit der Kirchen und ihrer Partner vollzieht.

Eigene Evaluierungskonzepte, keine Übernahme der staatlichen Praxis

Die in vielen Fällen kritische Bewertung der Praxis der staatlichen Entwicklungshilfe bildet darüber hinaus ein wichtiges Argument dafür, eigene Evaluierungskonzepte zu erarbeiten und sich nicht zu stark an dem Vorbild der staatlichen Vorgehensweise anzulehnen.

Aber auch für die kirchliche Entwicklungsarbeit gilt die Anforderung, daß bewährte und wissenschaftlich gesicherte methodische Verfahren und Instrumente eingesetzt werden. Sie sollten bei der Durchführung von Evaluierungen gemeinsam mit unseren Partnern konzipiert und festgelegt werden, damit sie jeweils deren Situation und Möglichkeiten entsprechen.

1.1.2 Gemeinsame Wirkungsbeobachtung mit unseren Partnern

Integrierte sozioökonomische Programmansätze machen gemeinsame Wirkungsbeobachtung erforderlich

Die Notwendigkeit zu gemeinsamer Wirkungsbeobachtung resultiert aus den immer differenzierteren Programmansätzen und der Perspektive einer längerfristig angelegten Zusammenarbeit. Denn in den letzten Jahren hat eine tiefgreifende Veränderung von ursprünglich sektoralen Ansätzen bzw. baulichen und technischen Einzellösungen hin zu integrierten sozioökonomischen Programmen stattgefunden, die mehrere sektorale Teilbereiche umfassen und auch im größeren Maßstab auf regionaler Ebene durchgeführt werden. Voraussetzung für den Erfolg derartiger Programme ist eine langfristig angelegte Zusammenarbeit zwischen den Hilfswerken und ihren Partnern, wobei im Prozeß der Durchführung ein kontinuierliches „Feedback" über die Ergebnisse und Wirkungen notwendig ist.

Nüchterne Einschätzung der Chancen, Wandel herbeizuführen

Inzwischen sind wir zusammen mit unseren Partnern auch zu nüchterneren und differenzierteren Einschätzungen der Chancen gelangt, inwieweit ein sozioökonomischer und soziokultureller Wandel überhaupt planvoll herbeigeführt werden kann. Der für solche Prozesse notwendige Wandel einstellungs- und verhaltensrelevanter Normen ist in allen Kulturen nur sehr schwierig zu erreichen. Ob sich dann beobachtbare Veränderungen und Wirkungen kausal auf derartige Programme zurückführen lassen, ist – wenn überhaupt – nur mit Hilfe von Plausibilitätserwägungen begründbar.

Für ein Evaluierungskonzept der kirchlichen Entwicklungsarbeit müssen daher beiderseits akzeptable Methoden und Vorgehensweisen entwickelt und angewandt werden, die dem Erfordernis einer gemeinsamen Wirkungsbeobachtung mit unseren Partnern gerecht werden.

In der Praxis der bilateralen staatlichen und multilateralen Entwicklungszusammenarbeit werden Evaluierungen weitgehend mit Hilfe standardisierter und vorwiegend ökonomisch ausgerichteter Konzepte der Erfolgskontrolle durchgeführt. Derartige Vorgehensweisen wurden bisweilen auch in der kirchlichen Evaluierungspraxis übernommen, insbesondere bei einkommenschaffenden Maßnahmen und in den Fällen, in denen Programme oder Projekte in unvorhergesehene Problem- und Konfliktsituationen gerieten.

1.1.3 Intensivierung des Dialoges und Stärkung der Eigenverantwortlichkeit der Partner

Gemeinsame Wirkungsbeobachtung als besondere Dialogform

Wenn die gemeinsame Wirkungsbeobachtung zum integralen Bestandteil der Entwicklungszusammenarbeit wird, dann kann mit Hilfe dieser besonderen Dialogform die Kommunikation mit unseren Partnern erheblich intensiviert werden. Geber- und Nehmerorganisationen müssen grundsätzlich auch in der Evaluierungspraxis als gleichberechtigte Partner wirken können. Die Stärkung der Planungs- und Reflexionsfähigkeit bei unseren

Mit dem Wandel von ursprünglich sektoralen Projektansätzen zu integrierten Entwicklungsprogrammen ist ein steter Dialog über Einzelschritte und ihre Wirkungen unentbehrlich geworden. Hierbei können geeignete Instrumente der Wirkungsanalyse und Programmbegleitung allen Beteiligten die notwendige Transparenz bieten und rechtzeitig Fehlentwicklungen vorbeugen. (Kleinbäuerlicher Maisanbau auf brandgerodeten Flächen in Brasilien)

Partnern – insbesondere durch die Steigerung ihrer eigenen Evaluierungskompetenz – muß als eine wichtige Voraussetzung zur Qualifizierung ihrer Arbeit angesehen werden.

Alle Maßnahmen, die dazu einen Beitrag leisten, unterstützen die Eigenverantwortlichkeit der Partner und verbessern somit die Grundlagen für sachgerechte Entscheidungen sowohl auf der Nehmer- als auch auf der Geberseite.

1.1.4 Dokumentation der Ergebnisse der Entwicklungsförderung und Sicherung der Kontinuität in der Zusammenarbeit

Diskrepanz zwischen vorhandenen Informationen und ihrer tatsächlichen Aufnahme und Verarbeitung

Die vorhandenen Berichte und Dokumentationen über den Verlauf und die Ergebnisse der bisherigen Zusammenarbeit sind von sehr unterschiedlicher Qualität und Aussagekraft. Hinzu kommt noch die Tatsache, daß diese Materialien häufig aufgrund der bestehenden Personalengpässe nicht ausreichend ausgewertet werden können. Es besteht oft eine deutliche Diskrepanz zwischen den vorhandenen Informationen über ein Projekt und dessen Verlauf einerseits und der Rezeption sowie der Verarbeitung dieser Information in der Praxis der Hilfswerke andererseits. Daher ist es dringend erforderlich, daß der Bericht klare und aussagefähige Informationen liefert, die eine systematische Auswertung erlauben.

Evaluierungen dürfen keine Ersatzfunktion für Defizite der laufenden Projektbegleitung oder die mangelhafte Auswertung von Berichten haben.

Neue Planungs- und Projektbegleitungsinstrumente

Die unter 1.1 beschriebenen tiefgreifenden Veränderungen der Ansätze in der kirchlichen Entwicklungsarbeit machen deren Prozeßcharakter deutlich. Es besteht die Notwendigkeit, die in komplexen und dezentralen Systemen ablaufenden dynamischen Prozesse transparenter zu machen. Hierfür müssen wir neue Planungs- und Projektbegleitungsinstrumente entwickeln, die besser geeignet sind, konzeptionelle Fehlentwicklungen rechtzeitig zu erkennen und die Kontinuität der Zusammenarbeit zu sichern.

1.1.5 Grundlagen für die Erarbeitung von Positionen für die kirchliche Diskussion sowie für die entwicklungspolitische Auseinandersetzung

Es ist auffällig, wie in der Öffentlichkeit Skepsis, Mißtrauen und Ernüchterung hinsichtlich der Wirkungen der Entwicklungshilfe in den letzten Jahren angewachsen sind. Die kirchlichen Hilfswerke müssen, um ihr Ansehen und ihre Glaubwürdigkeit zu erhalten, dieser Kritik qualifiziert begegnen. Im übrigen sind auch unsere überseeischen Partner einem zunehmenden Rechtfertigungsdruck ausgesetzt, der in den jeweiligen Ländern allerdings unterschiedlich intensiv ausgeprägt ist. In einigen Entwicklungsländern haben Konflikte dazu geführt, daß die Arbeitsmöglichkeiten der Nichtregierungsorganisationen stark eingeschränkt worden sind, z. B. durch die politische Reglementierung von Partnerorganisationen.

Rechtfertigungsdruck auf die Hilfswerke und ihre Partner in Übersee

1.2 Warum riefen Evaluierungen in der Vergangenheit häufig negative Vorstellungen wach?

In der Vergangenheit ist das Instrument der Evaluierung häufig negativ bewertet worden:

Konfliktsituation; „Feuerwehrevaluierung"

– Bei einem dringenden Informationsbedürfnis der Geberorganisationen oder bei akuten Problemlagen nahm man eine Art „Feuerwehrevaluierung" vor, die dann häufig ohne eine der Sachlage angemessene Vorbereitung durchgeführt wurde. Solche einseitigen Ad-hoc-Maßnahmen sind wenig seriös, und ihre Akzeptanz durch die Partner ist entsprechend gering.

Evaluierung und Weiterförderung

– Zum Teil wurden Evaluierungen durchgeführt, wenn die grundsätzliche Entscheidung über eine Weiterförderung anstand. Damit haben sich natürlich bestimmte – oft existentielle – Ängste beim Partner ergeben, die eine offene Diskussion und eine kritische Problemaufbereitung sehr erschwerten. Auch derartige Evaluierungen tragen generell den Charakter von einseitigen Maßnahmen der Geberorganisation.

Wer ergreift die Initiative?

Den Anstoß zu einer Evaluierung geben in den meisten Fällen nach wie vor die Hilfswerke und nicht unsere Partner. Doch gibt es inzwischen eine zunehmende Anzahl von Partnern, die im wohlverstandenen Eigeninteresse die Initiative zur Durchführung von Evaluierungen ergreifen oder in den Projektverlauf Elemente der Eigenevaluierung aufnehmen. Letzteres gilt insbesondere für einige asiatische und lateinamerikanische Länder.

1.3 Worin unterscheiden sich die Evaluierungs- und Projektbegleitungskonzepte im staatlichen und im kirchlichen Bereich?

In den „Grundlinien der Entwicklungspolitik" der Bundesregierung von 1986 wird das Instrument der Evaluierung weitgehend mit Erfolgskontrolle (Ziff. 46) gleichgesetzt.

Das Evaluierungsverständnis der kirchlichen Hilfswerke

Die Anwendung eines so verstandenen Konzeptes der Erfolgskontrolle durch die kirchlichen Hilfswerke würde den Partnern nur noch wenig Spielraum für echte Mitwirkung einräumen. Für den Bereich der kirchlichen Entwicklungsarbeit wurde daher in dem gemeinsamen EZE-Misereor-Positionspapier zur „Evaluierung bei den kirchlichen Hilfswerken" (Juni 1986) folgendes Verständnis formuliert:

„Evaluierungsvorhaben, die primär dem Kontroll- und Informationsinteresse der Hilfswerke dienen und erst in ihren (durch die Hilfswerke) vermittelten Konsequenzen auf die Arbeit der Partnerorganisationen einwirken, widersprechen dem Prinzip der Eigenverantwortung der Partner und dem Partnerschaftsgedanken. Nur in besonders begründeten Ausnahmen, z. B. vermuteter Mittelveruntreuung, kann es erforderlich werden, daß die Hilfswerke einseitig im Sinne von Inspektionsvorhaben vorgehen."

Auch in der laufenden Projektbegleitung bestehen wichtige konzeptionelle Unterschiede zwischen der Praxis der kirchlichen und der staatlichen Entwicklungsförderung. Das Instrument des Monitoring, wie es in staatlichen Entwicklungsinstitutionen, z. B. der Deutschen Gesellschaft für technische Zusammenarbeit (GTZ), eingesetzt wird, beinhaltet die Vorstellung, nach definierten Kriterien einen andauernden Prozeß der Außensteuerung im Projektverlauf durchführen zu können und zu müssen.

Respektierung der Autonomie der Partner

Die kirchlichen Hilfswerke vertreten hier eine andere Position. Denn nach ihrem Verständnis ist die Autonomie ihrer Partner zu respektieren. Dieses Verständnis ist durchaus mit gewissen Aspekten von Kontrolle vereinbar. Die Partner tragen die Verantwortung für die Konzipierung, Planung und Durchführung der Projekte. Das Hilfswerk begleitet diesen Prozeß durch Beratung und partnerschaftlichen Dialog. Ihm kommt dabei auch die wesentliche Aufgabe an, die Partnerorganisation in die Lage zu versetzen, selbst Verfahren für die laufende Projektbegleitung zu entwickeln. Evaluierungen müssen hierbei zum integralen Bestandteil der Zusammenarbeit werden und dürfen sich nicht als Belastungsproben der partnerschaftlichen Beziehungen auswirken.

In dem Zwiespalt, klare und kritische Aussagen zu treffen oder aber Rücksicht auf die Partner zu nehmen, wird im kirchlichen Zusammenhang häufig zugunsten einer falsch verstandenen Rücksichtnahme entschieden. Evaluierungen müssen jedoch klare Analysen und Beurteilungen enthalten, die für alle Beteiligten die notwendige Transparenz schaffen.

KAPITEL 2
KONZEPTE DER EVALUIERUNG

2.1 Wie läßt sich das Instrument Evaluierung definieren?

Evaluierungen sind integraler Bestandteil der kirchlichen Entwicklungsarbeit

Evaluierungen sind in erster Linie ein Instrument der Partnerorganisationen für die Planung, Begleitung und Bewertung von Projekten oder Programmen. Weiterhin dienen sie dem Dialog zwischen den Hilfswerken und ihren Partnern. Sie sind somit ein integraler Bestandteil der kirchlichen Entwicklungsarbeit und nach deren Kriterien, Prinzipien und Zielen ausgerichtet.

Partizipation als unabdingare Voraussetzung

Das Entwicklungsverständnis der Kirchen beruht auf dem Prinzip der Partnerschaft. Daran knüpft auch das hier vorgestellte Konzept der Evaluierung an. Es geht davon aus, daß es unter den Partnern in der Entwicklungszusammenarbeit gemeinsam verabredete Projektziele gibt, trägt aber auch der Tatsache Rechnung, daß Partnerschaft zu Spannungen führen kann, wenn es nicht zu einer Balance zwischen Geben und Empfangen kommt. Umso wichtiger ist deshalb, daß Planung, Durchführung und Auswertung einer Evaluierung in partnerschaftlicher Weise durchgeführt werden. Dementsprechend ist die Evaluierung der kirchlichen Entwicklungsarbeit als eine intensive, systematische und partizipatorische Analyse der Projektarbeit angelegt.

2.2 Mit welchen Zielen werden Evaluierungen durchgeführt?

2.2.1 Entscheidungsorientierung

Die Analyse des Projektverlaufes und der Projektergebnisse (einschließlich ihrer Auswirkungen auf die Zielgruppen) anhand der Projektziele und der geplanten Maßnahmen (Soll-Ist-Vergleich; Ziel-Mittel-Vergleich) bilden Entscheidungsgrundlagen für die Fortentwicklung der Projektkonzeption sowie für die Planung und Förderung von zukünftigen Projekten und Programmen.

2.2.2 Reflexions- und Lernorientierung

Bei der gemeinsamen Wirkungsbeobachtung kommt es vor allem auf die Reflexion der geleisteten Entwicklungsarbeit an. Sie erst schafft die Voraussetzung dafür, daß alle Beteiligten (Zielgruppen, Durchführungsorganisation, Hilfswerke) aus den abgelaufenen Prozessen lernen und diese Erfahrungen in der Suche nach besseren Lösungswegen umsetzen.

2.2.3 Wissensorientierung/Forschungscharakter

Ein wichtiges allgemeines Ziel ist die Gewinnung und Vermittlung von Projekterfahrungen und -ergebnissen, vor allem auch als Grundlage der Konzeptionsentwicklung. Derartige Erkenntnisse können zur Verbesserung der Arbeit in ähnlichen Sektoren oder Programmbereichen und in der Zusammenarbeit mit der Geberorganisation beitragen.

Evaluationsziele und -nebenwirkungen

Wie ein Projekt selbst viele Ziele und Nebenwirkungen hat, so auch die Evaluation:

- Evaluation ist *Fehlerquellenanalyse,* um aus Fehlern lernen zu können bzw. Fehler nicht zu wiederholen einerseits, andererseits ist Evaluation fast stets kaum zu rechtfertigende *Rechthaberei*.
- Evaluation, insbesondere Selbstevaluation, ist Anreiz zur *Selbsthilfe,* indem Projektalternativen analysiert werden einerseits, andererseits *Damoklesschwert* für gute Projekte, die den Fehler haben, daß sie von den falschen Evaluierern überprüft werden.
- Evaluation ist Fortbildung des Projektpersonals, *Erziehungsprozeß,* indem sie empfindsam macht für bestimmte Fragen einerseits, andererseits als Prüfwesen *Bremse gegen Neuerungen*.

- Evaluation ist Mittel für *Projektverbesserung,* zur Steuerung während der Laufzeit eines Projektes als Vorher-Evaluation, und ist zugleich als Nachher-Evaluation Mittel zu einer besseren *Vorbereitung* eventuell völlig anderer Projekte.
- Evaluation ist ein Mittel, Ideologien, nämlich Vor- und Fehlurteile über eine Projektpolitik, zu offenbaren, also Denunziation, Counterresearch, *Ideologiekritik* auf der einen Seite und *Projektverschleierung* auf der anderen.
- Evaluation ist *Sparen,* indem Fehlentscheidungen vermieden werden und unter gegebenen Beschränkungen Nutzen gesteigert und Wirtschaftlichkeit in den Mittelzuweisungen hergestellt wird, andererseits *Verschwendung,* indem sie Mittelverlagerung ist vom Projektnutznießer zu Ökonomen, Ingenieuren und Soziologen, die evaluieren.
- Evaluation ist als ungeschminkte Fotographie *Entscheidungshilfe* einerseits, *Entscheidungserschwernis* andererseits, indem sie auch unpassende Informationen liefert und dem Entscheidungsträger Augen öffnet.
- Evaluation ist *Projektvergleich* über Sektoren und Länder hinweg einerseits, andererseits zumeist nur Vergleich mit einer sehr geringen Anzahl möglicher alternativer Projekte.
- Evaluation kommt immer zu spät oder immer zu früh.

Trotz dieses Spektrums von Widersinnigkeiten wird je nach Sichtweise und gesellschaftlicher Einbettung gefordert, daß es schnelle, radikale, wiederholbare, realistische und kostengünstige Evaluationen geben möge, die auch noch die Kluft zwischen Projektvorbereitung und -durchführung zu überbrücken in der Lage seien. Man sollte zwar nicht an die Quadratur des Kreises glauben; aber auch das vorkopernikanische Weltbild kippte einmal, wenngleich unter günstigen historischen Bedingungen.

Quelle: Detlef Schwefel: Evaluation sozialer Auswirkungen und Nebenwirkungen von Projekten. In: (ders. Hrsg.) Soziale Wirkungen von Projekten in der Dritten Welt. Baden-Baden 1987, S. 30 f.

2.3 Rechnungsprüfung und Evaluierung

In Leitfäden und in der Literatur wurden vielfach Rechnungsprüfungen ebenfalls dem Begriff der Evaluierungen zugeordnet oder als ein wesentliches Element von Evaluierungen angesehen. Rechnungsprüfungen sind jedoch nach unserem Verständnis keine Evaluierungen. Normalerweise werden in der kirchlichen Entwicklungsarbeit die regulären Kontrollmechanismen für ausreichend gehalten. Dies betrifft die Buchprüfung durch (möglichst lokale) Wirtschaftsprüfer und die Rechnungsprüfung durch die vor Ort zuständigen Finanzkomitees und Gremien. Evaluierungen haben für uns einen grundsätzlich anderen Charakter als Rechnungsprüfungen. Für Ausnahmefälle gelten die bereits genannten Grundsätze.

Evaluierungen werden in der Praxis eingesetzt:

- zur Informationssammlung und -bewertung im Vorfeld von Projekten und Programmen, zur Prüfung und Auswahl bedarfs- und aufgabengerechter Arbeitsansätze, Arbeitsmethoden und -instrumente (auch als Feasibility-Studien bezeichnet);
- zur fachlichen, methodischen und organisatorischen Beratung sowie fortlaufenden Begleitung von Entwicklungsmaßnahmen;
- zur Festlegung von Förderprioritäten, vor allem durch die Partnerorganisationen;
- zur Entscheidungsvorbereitung über die Durchführung weiterer Projekte oder Programmstufen;
- zur Vertiefung unseres eigenen Wissens und zur Fundierung unserer Öffentlichkeitsarbeit;
- zur Stärkung der Analyse-, Reflexions- und Steuerungskapazität der Partnerorganisation.

2.4 Welche Evaluierungsarten gibt es?

Wir finden in Theorie und Praxis der Evaluierungsarbeit vor allem folgende zwei Begriffspaare:
Eigenevaluierung – Fremdevaluierung
Selbstevaluierung – Externe Evaluierung.

Die beiden ersten Begriffe zielen im wesentlichen auf den Unterschied „Wer initiiert und verantwortet die Evaluierung?", während das andere Begriffspaar darauf abstellt, den Unterschied in der Durchführung zu benennen: „Wer ist das Subjekt der Evaluierung?". Die beiden Begriffspaare sind nicht identisch. So kann eine „Eigenevaluierung" durchaus von externen Fachkräften durchgeführt werden.

Zwischen den beiden entgegengesetzten Begriffen liegt jeweils die „gemeinsame Evaluierung".

In der kirchlichen Entwicklungsarbeit werden im wesentlichen zwei Hauptarten der Evaluierung angewandt:

- die „gemeinsame Evaluierung" (joint evaluation, évaluation conjointe) und
- die „Selbstevaluierung" (self-evaluation, auto-évaluation).

Koenrad Verhagen hat in seinem Arbeitspapier *Evaluation in Partnership: Attractive Utopia or Deceptive Illusion?* folgende Typologie der (Selbst-)-Evaluierung entwickelt (S. 26 ff.; deutsche Übersetzung von Kerstin Rubin):

Die nachfolgend dargestellte Typologie beruht auf zwei Variablen, die im Evaluierungsprozeß eine Schlüsselfunktion innehaben:
- Beteiligte, die evaluieren, werden „Evaluatoren" genannt;
- Beteiligte, deren Aktivitäten Gegenstand der Evaluierung sind, werden „Evaluandum" (zu Evaluierende) genannt.

Die Typologie bezieht sich auf Nichtregierungsorganisationen, deren Funktionen in drei Hauptgruppen unterteilt werden können:
- die „Akteure" (engl.: „social actors"), die an der Basis arbeiten und die überwiegend in formellen oder informellen Aktionsgruppen (engl.: „People's Organizations", POs) zusammengeschlossen sind;
- die „Animatoren" (engl.: „agents") der Entwicklung, die eine katalytische und unterstützende Funktion innehaben. Dabei handelt es sich um (semi-)professionelles Personal, das bei lokalen Nichtregierungsorganisationen für Entwicklungshilfe (engl.: „Non-Governmental Development Organizations", NGDOs) angestellt ist;
- die „Geldgeber" (engl.: „funders"), Mitarbeiter und Mitarbeiterinnen von Hilfswerken (engl.: „Funding Agencies", FAs).

Prinzipiell können alle der drei oben genannten Gruppen in den Evaluierungsprozeß eingebunden sein, entweder als Subjekt oder Objekt der Evaluierung oder in beiden Funktionen. Als Subjekte der Evaluierung, also als Evaluatoren, können sie durchaus externe Personen oder Organisationen einbeziehen und ihnen spezifische Aufgaben übertragen oder ihre Beratung während der Evaluierung in Anspruch nehmen. In der Praxis werden häufig außenstehende Personen für die Evaluierung herangezogen, die keiner der Gruppen angehören, die Gegenstand der Evaluierung sind. Im Schaubild auf Seite 28 bilden sie die vierte Kategorie und Gruppe innerhalb des Evaluierungsprozesses. Den externen Evaluatoren kommen entweder Assistenzfunktionen im Selbstevaluierungsprozeß (engl.: „accompanied self-evaluation") zu. Oder sie übernehmen Führungsrollen innerhalb der externen Evaluierung (engl: „external evaluation").

In der Matrix sind horizontal drei Gruppen als mögliches Evaluandum und vier Gruppen als Evaluatoren dargestellt. Dies wird als „Evaluierungsfeld" bezeichnet (engl.: „evaluation field").

Die schraffierte Fläche (vier Felder) benennt die Fälle der konventionellen, vom Geldgeber initiierten externen Evaluierungen, d. h. das Hilfswerk (FA) initiiert die Evaluierung und evaluiert die Arbeit des Projektträgers (NGDO) und die der Aktionsgruppen (POs), die von der Projektfinanzierung profitieren (es kommt vor, daß eine Aktionsgruppe Projektträger ist). Beim traditionellen Ansatz ergeben sich in den anderen Feldern Leerstellen, die sonst durch andere Arten und Kombinationsformen der Selbstevaluierung oder der gemeinsamen Evaluierung belegt wären. Auch die Hilfswerke als Gegenstand von Evaluierungen durch Projektträger oder Aktionsgruppen sind bisher meist „weiße Felder".

Drei erklärende Bemerkungen seien noch hinzugefügt:

1. „Externe Evaluierungen" oder „Selbstevaluierungen" treten selten in Reinform auf, eher in Mischformen. Organisationen, die Eigenevaluierungen durchführen, legen auf Unterstützung von außen häufig großen Wert.

2. Eine „externe Evaluierung" kann nicht ohne irgendeine Form der Zusammenarbeit mit denjenigen vonstatten gehen, die sich einer Evaluierung unterziehen. Ganz bewußt bemüht man sich häufig um den Aspekt der „Gemeinsamkeit".

3. Bei Programmen oder Projekten, bei denen Selbstevaluierungen oder gemeinsame Evaluierungen nicht als speziell organisierte Prozesse durchgeführt werden, können diese doch stattfinden und unter verschiedenen Benennungen vorhanden sein (z. B. „partizipatorische Untersuchung", „Training Workshop" etc.).

Typologie der (Selbst-)Evaluierung

EXTERNAL EVALUATORS' SUPPORT

Evaluandum / Evaluators	POs (interface) Actors	NGDOs (interface) Agents	FAs Funders
POs	SE		
NGDOs		SE	
FAs	/////	/////	SE
External Evaluators	/////	/////	

PO = People's organization; organizational framework for actors in social development

NGDO = Non-Governmental Development Organization; agents of social development

FA = Funding Agency; funders of social development

SE = Self-Evaluation

///// = Field covered by conventional external evaluations (FA + external evaluator evaluates performance of POs and NGDOs)

Quelle: Koenrad Verhagen: Evaluation in Partnership: Attractive Utopia or Deceptive Illusion? Swansea, September 1989 (Cebemo Working Paper)

2.4.1 Gemeinsame Evaluierungen

Bei gemeinsamen Evaluierungen sind die Partnerorganisationen und wir gleichermaßen an der Planung und der Durchführung beteiligt (z. B. Erstellung des Referenzrahmens, Zusammensetzung des Teams, Abfassung des Evaluierungsberichtes etc.). (Vielfach wird anstelle von „Referenzrahmen/RR" der englische Begriff „Terms of Reference/TOR" benutzt. Wir ziehen hier das deutsche Wort vor. Der Begriffsinhalt ist der gleiche.)

Dialog und Verbesserung der Kooperationsbeziehungen

Gemeinsame Evaluierungen sind eines von vielen Instrumenten des Dialoges und der Zusammenarbeit zwischen uns und unseren Partnern. Sie basieren auf dem gemeinsamen Interesse an der Qualifizierung der Arbeit vor Ort und der Verbesserung der Kooperationsbeziehungen. Dabei können durchaus unterschiedliche Standpunkte und Sichtweisen bestehen. In vielen Fällen bleibt die Beziehung zu den Partnern notwendigerweise auf den Briefverkehr und gelegentliche kurze Projektbesuche beschränkt. Diese Praxis führt nicht selten zu erheblichen Informationsdefiziten und zu Mißverständnissen. Gemeinsame Evaluierungen können dazu beitragen, derartige Problemsituationen zu vermeiden. Sie können verschiedenen Zwecken dienen:

Grundlage für die Weiterförderung

– der Bestandsaufnahme, Analyse und Auswertung des bisher Erreichten als Grundlage für die Weiterführung und Weiterförderung der Arbeit (z. B. vor Beginn einer zweiten Programmphase);

Planung und Vorbereitung

– der systematischen Planung und Vorbereitung neuer Projektmaßnahmen (z. B. der Einführung bisher nicht geförderter wirtschaftlicher Aktivitäten, deren Wirtschaftlichkeit und soziale Auswirkungen (z. B. auf Frauen) noch nicht hinreichend eingeschätzt werden können;

Beitrag zur Problemlösung

– der Lösung bestimmter Probleme, die die Zusammenarbeit erschweren und die im Rahmen der regulären Arbeit und der entsprechend begrenzten Dialogmöglichkeiten nicht beseitigt werden können (z. B. Fragen zur qualitativen Angemessenheit von Maßnahmen und zu den Organisationsstrukturen, die sich im Laufe mehrerer Förderphasen herausgebildet haben);

Fortbildung und Qualifizierung

– der gemeinsamen Fortbildung zu bestimmten Fragestellungen und Instrumenten mit dem Ziel, die Arbeit sowohl bei den Partnerorganisationen als auch bei uns weiter zu qualifizieren (z. B. Erfahrungen mit Kleinprojektefonds);

Sensibilisierung

– unserer Sensibilisierung für Probleme und Bedürfnisse unserer Partnerorganisationen.

Abstimmungsprobleme

Die Beteiligten an einer gemeinsamen Evaluierung müssen sich allerdings darüber klar sein, daß ein solches Vorhaben in der Regel schwieriger zu organisieren ist als eine Evaluierung, die außengesteuert ist oder ohne jegliche Außenbeteiligung durchgeführt wird. Die Zeit- und Mittelplanung beider Seiten müssen aufeinander abgestimmt werden. Der bei uns häufig zu beobachtende Termindruck darf dabei nicht auf unsere Partner abgewälzt werden, um nicht ihre Arbeit und letztlich die Interessen der Zielgruppen zu behindern. Nur wenn alle Beteiligten diese Voraussetzungen akzeptieren, kann ein zufriedenstellendes Ergebnis erzielt werden.

Zudem sollte besonders darauf geachtet werden, daß unsere Interessen gegenüber denjenigen der Partnerorganisationen nicht dominieren. Beispielsweise kann sich – beabsichtigt oder nicht – das Interesse an einer projektbezogenen Erfolgs- und Mittelverwendungskontrolle zum Nachteil eines an den Bedürfnissen der Zielbevölkerung orientierten Qualifizierungsinteresses in den Vordergrund schieben.

Ziele und Vorgehensweisen müssen eindeutig definiert werden

Bereits bei der gemeinsamen Erarbeitung des Referenzrahmens und bei der personellen Zusammensetzung des Evaluierungsteams sollten wir dieser Gefahr vorbeugen, indem wir versuchen, die Ziele und die Vorgehensweise in der Diskussion mit den Partnern möglichst eindeutig zu definieren und auch für eine ausgeglichene personelle Besetzung des Teams zu sorgen. Um dieses Ziel zu erreichen, empfiehlt es sich, die Partnerorganisationen um den ersten Entwurf für die Formulierung des Referenzrahmens zu bitten. Wir sollten diesen dann kommentieren und unsere Ergänzungen vortragen. Wenn Partner den Wunsch äußern, das beschriebene Verfahren umzukehren, sollten wir darauf hinwir-

Gemeinsame Evaluierungen, an deren Konzeption, Durchführung und Auswertung beide Seiten partnerschaftlich beteiligt sind, haben sich als besonders hilfreich erwiesen. Beide Partner erkennen im Evaluierungsprozeß die Stärken und Schwächen des Projektes und können daraus Nutzen für ihre weiteren Planungen ziehen.
(Gedankenaustausch zwischen externem Berater und Mitgliedern einer Dorfgemeinschaft in Mali)

ken, daß jeweils beide Seiten einen Entwurf erstellen, der dann zu einem gemeinsamen Konzept umgearbeitet werden kann.

Dieser Prozeß der Wahrung der Partnerinteressen mag zwar langwierig oder auch umständlich erscheinen, aber er soll zumindest sicherstellen, daß die Evaluierungen letztlich von allen Beteiligten akzeptiert werden können. In problematischen Fällen, in denen keine Übereinstimmung erzielt werden kann, sollten wir von dem Prinzip ausgehen, daß die Erkenntnis- und Nutzungsinteressen der Partnerorganisation Vorrang haben müssen.

2.4.2 Selbstevaluierungen der Partnerorganisationen

Eigenevaluierungen werden von der Partnerorganisation initiiert und geplant und in der Regel als Selbstevaluierung durchgeführt. Bei Bedarf wird hierzu externe fachliche Beratung in inhaltlichen und methodischen Fragen herangezogen.

Systematische Aufbereitung von Erkenntnissen und Erfahrungen

Erfahrungsgemäß gibt es für Partnerorganisationen sowohl interne als auch externe Gründe, Selbstevaluierungen durchzuführen. Der häufigste Fall mag sein, daß eine Partnerorganisation oder auch die Bevölkerung, die in das Programm einbezogen ist, in systematischer Weise bestimmte Erkenntnisse über Problembereiche gewinnen will, die für ihre Arbeit von Bedeutung sind. Insbesondere wenn sie ohne externe Fachkräfte ausgeführt werden, sind solche Evaluierungen, die eigenen Erkenntniszwecken dienen, unproblematisch anwendbar, da sie ohne viel Aufwand in die reguläre Arbeit einbezogen werden können. Es kommt aber auch vor, daß die Partnerorganisation eine Selbstevaluierung beschließt, um Informationsbedürfnissen Dritter nachzukommen.

Selbstevaluierung als reguläres Planungsinstrument

Selbstevaluierungen können zu einem regulären internen Instrument der Bestandsaufnahme, Analyse und Auswertung geleisteter Arbeit entwickelt werden. Wenn sie in regelmäßigen Zeitabständen durchgeführt werden, schaffen sie für die Partner und die Zielgruppen eine wichtige Grundlage für die Weiterentwicklung ihrer Aktivitäten.

Evaluierungen bereits durchgeführter Maßnahmen können ergänzt werden durch solche, die der Planung neuer Vorhaben dienen (Ex-ante-Evaluierungen/feasibility-studies). Für diesen Zweck sollten sie in sinnvollen Abständen in den normalen Planungsrhythmus der Partnerorganisationen integriert werden, der durchaus nicht mit den von uns finanzierten Programmphasen übereinstimmen muß. Damit wird die Selbstevaluierung zu einem regulären Planungsinstrument der Partnerorganisationen, mit deren Hilfe z. B. die Wirtschaftlichkeit und die Auswirkungen bestimmter Maßnahmen im voraus genauer abgeschätzt werden können. Hierdurch wird es auch möglich, Fehlentwicklungen oder Mißerfolge und entsprechende Enttäuschungen bei den Menschen vor Ort zu vermeiden.

Intensive Programmbegleitung

Bei kontinuierlicher und regelmäßiger Anwendung kann die Selbstevaluierung zu einem intensiven Instrument der Programmbegleitung entwickelt werden. So können z. B. Treffen von Dorfkomitees und Mitarbeiterversammlungen hierzu genutzt werden, wenn sie entsprechend strukturiert durchgeführt werden. In dieser Form ermöglicht die Selbstevaluierung eine stete Wirkungsbeobachtung und Analyse sowie letztlich die Steuerung und Planung von Aktivitäten durch die Betroffenen selbst. Die Selbstevaluierung bewirkt damit gleichzeitig einen kontinuierlichen Lern- und Qualifizierungsprozeß, der inhaltliche wie methodische Fragen einbezieht.

Überdenken der bisherigen Arbeit

Viele unserer Partnerorganisationen sehen es von Zeit zu Zeit als notwendig an, die Konzeption ihrer Arbeit neu zu überdenken. Auch hierbei kann die Selbstevaluierung wichtige Dienste leisten. Es gibt eine Reihe von Anlässen die eine grundsätzlich neue Orientierung der Arbeit erforderlich machen.

Reaktion auf Veränderung der politischen Rahmenbedingungen

Die Veränderung der politischen, wirtschaftlichen oder rechtlichen Rahmenbedingungen kann ein solcher Anlaß sein. Etabliert sich beispielsweise nach einem Militärputsch eine Diktatur, so wird eine Organisation, die bisher offene Bewußtseins- und Organisationsarbeit unter den Armen geleistet hat, bestrebt sein müssen, einen weniger verletzlichen Arbeitsansatz zu entwikkeln. Wenn die Implementierung einer Landreform dazu führt, daß die Bezugsgruppen nicht mehr Landlose, sondern Kleinbauern sind, dann muß die ökonomische Programmkomponente entsprechend umgestaltet werden.

Konzeptionelle Neuorientierung

Ein weiterer Anlaß für eine konzeptionelle Neuorientierung kann sich aus der Veränderung von Größe, Struktur und Selbstverständnis von Partnerorganisationen ergeben. Hinsichtlich der optimalen Größe einer Organisation ist beispielsweise zu bedenken, daß Gruppierungen, die auf den dörflichen Aktionsradius beschränkt bleiben müssen, weder einen Breiteneffekt erzielen, noch strukturverändernd wirken können (Irrelevanzfalle). Expandieren sie aber zu stark, so werden sie politisch verletzbar. Eine Selbstevaluierung kann ein nützliches Mittel sein, um in einer konkreten Situation unter Einbeziehung der Betroffenen eine angemessene Lösung zu finden. Es kommt auch häufiger vor, daß aus der Entwicklung des Programms selbst Bedarf an konzeptioneller Umorientierung entsteht. Muß man etwa feststellen, daß sich der allgemeine Gesundheitszustand der Bevölkerung im Einzugsgebiet eines Krankenhauses trotz der dortigen Behandlungsmöglichkeiten eher noch verschlechtert hat, dann bietet – neben herkömmlichen Untersuchungsmethoden – auch eine Selbstevaluierung die Chance, die Gründe hierfür herauszufinden und nach besseren Lösungswegen für das erkannte Problem zu suchen.

Interne Fortbildung

Selbstevaluierungen sind auch ein gutes Mittel zur Qualifizierung der Beteiligten. Mit Hilfe derartiger Prozesse können sie ihre inhaltlichen und methodischen Kenntnisse erweitern und praktisch einüben.

Unsere Partnerorganisationen sind in vielfältige gesellschaftliche Beziehungen eingebunden. Es ist für sie wichtig, sich selbst und ihre Arbeit gegenüber anderen gesellschaftlichen Gruppen, Regierungsbehörden, Förderinstitutionen und Banken überzeugend darzustellen.

Öffentlichkeitsarbeit

Die Pflege von Dialog und Öffentlichkeitsarbeit hilft ihnen, Ansehen zu gewinnen und ihre Position zu stärken. Dadurch gelingt es ihnen auch leichter, Vertrauen zu bilden, um vor politisch-ideologischen und sonstigen

Angriffen, die ihre Handlungsspielräume enorm einschränken können, besser geschützt zu sein.

Nach traditionellem Evaluierungsverständnis ging man davon aus, daß gesicherte und anspruchsvolle Untersuchungsergebnisse am besten durch die Beauftragung außenstehender, „neutraler" Personen gewährleistet werden könnten. Unsere Erfahrungen zeigen aber, daß Eigenevaluierungen durchaus keinen geringeren Erkenntnisgehalt haben müssen. Viele unserer Partnerorganisationen sind sich des Wertes einer selbstkritischen Eigenanalyse bewußt und vollziehen diese mit umso größerer Offenheit, je weniger sie befürchten müssen, von außen kontrolliert oder beeinflußt zu werden. Aufgrund ihrer Sachkenntnis sind die Beteiligten in vielen Fällen durchaus besser als Außenstehende in der Lage, Fakten und Zusammenhänge zutreffend zu erkennen und zu bewerten. Eine gewisse Objektivierung erfolgt dann auf dem Wege der Einbeziehung externer Sichtweisen.

Bedeutung der selbstkritischen Eigenanalyse

Partnerorganisationen, die ihre Aktivitäten kontinuierlich mit Hilfe der Selbstevaluierung beobachten, können in der Regel erfolgreicher im Interesse aller Beteiligten arbeiten. Gleichzeitig beugen sie damit Fehlentwicklungen vor, die Evaluierungen eventuell als Instrumente des Krisenmanagements erforderlich machen würden.

Früherkennung von Problemen und Möglichkeiten der Neuorientierung

Fehlentwicklungen, Neuanforderungen und Problemstellungen werden frühzeitig erkannt, so daß entsprechende Anpassungen bzw. Neuorientierungen vorgenommen werden können. Daher sind Eigenevaluierungen – wenn aus ihnen die nötigen Konsequenzen gezogen werden – in ihrem Erfolg durchgreifender und nachhaltiger als die sehr aufwendigen, aber häufig zu spät und dann wenig wirkungsvoll durchgeführten „Feuerwehrevaluierungen".

Priorität der Eigenständigkeit der Partner

Wir sollten deshalb gegenüber unseren Partnern deutlich machen, daß wir der Stärkung ihrer Eigenständigkeit und Kompetenz Vorrang einräumen und Eigenevaluierungen als ein wichtiges Instrument dafür ansehen. Es kann nicht genügend darauf hingewiesen werden, daß der Evaluierungsprozeß wesentlich dazu beiträgt, daß alle Beteiligten – einschließlich der Entscheidungsgremien – in kritischer Reflexion sowie eigenverantwortlicher Programmanalyse und Programmbewertung Erfahrungen sammeln und ihre Kompetenz erhöhen können.

Ob Eigenevaluierungen dazu beitragen, die Motivation und Partizipation von Projektverantwortlichen und Zielgruppen zu erhöhen, hängt wesentlich davon ab, in welchem Maße sie von Anfang an partizipatorisch angelegt sind. Dies wiederum wird entscheidend davon beeinflußt, wieweit eine Organisation selbst für partizipative Prozesse offen ist. Die Partizipation der Betroffenen sollte daher als ein wesentliches Anliegen im Dialog mit den Partnerorganisationen hervorgehoben werden. Im Sinne einer eigenständigen Evaluierung ihrer Arbeit sollten wir Partnerorganisationen vermehrt zu Eigenevaluierungen ermutigen, u. a. dadurch, daß wir entsprechende finanzielle Mittel hierfür anbieten. Als sinnvoll könnte sich dann ein obligatorischer Budgetposten für die Eigenevaluierungen erweisen.

Partizipation der Betroffenen als Voraussetzung

Soweit es uns möglich ist, sollten wir bei der Suche nach externen Fachkräften (möglichst aus dem gleichen kulturellen Kontext) sowie beim Aufbau eines Kontakt- und Kooperationsnetzes solcher Fachkräfte behilflich sein. Dazu würde auch die Vermittlung der notwendigen methodischen Fortbildung zählen.

Aufbau eines Kontaktnetzes von Fachkräften

Eine steigende Anwendung des Instrumentes der Selbstevaluierung kann helfen, die Zusammenarbeit zwischen uns und unseren Partnerorganisationen zu verbessern, da viele Klärungsprozesse bereits vor Ort vorgenommen und viele Mißverständnisse und Fehlentwicklungen vermieden werden können. Für die Hilfswerke könnte sich dies dann auch in der Verringerung der Arbeitsbelastung niederschlagen.

Vermeidung von Mißverständnissen und Fehlentwicklungen

Selbstevaluierungen im Bereich der Basisgruppen sind ein wichtiges Mittel für diese Gruppen, ihre eigene Arbeit regelmäßig selbstkritisch zu überprüfen und den gemeinsamen Lernprozeß produktiv zu nutzen.
(Gesprächskreis von Erwachsenen einer indischen Dorfgemeinschaft)

2.5 Welcher Zusammenhang besteht zwischen der Planung und der Evaluierung von Projekten?

2.5.1 Wer plant die Projekte?

Planungs- und Verfahrensfehler

Die kirchliche Entwicklungsarbeit geht grundsätzlich davon aus, daß der Partner vor Ort die Projekte selbständig plant. Für die Vorbereitung, Durchführung und Auswertung von Evaluierungen sind deshalb die gesamten Planungsvoraussetzungen und -abläufe der kirchlichen Organisationen hier und der Partnerorganisationen in Übersee zu bedenken. Die Erfahrung hat gezeigt, daß die auf der einen Seite positiv bewerteten unbürokratischen Verfahrensweisen auf der anderen Seite häufig zu Fehleinschätzungen und auch zu schwerwiegenden Folgeproblemen geführt haben. Die negativen Auswirkungen von Planungsfehlern bzw. -mängeln sind dann umso größer, je umfassender und komplexer die entsprechenden Projekte und Programme sind.

2.5.2 Warum sind klare Projektziele notwendig?

Klar formulierte Projektziele als Voraussetzung

Bereits in der Antragsphase ist es zweckmäßig, Ziele und Maßnahmen eines Projektes in einzelne Planungselemente aufzugliedern und auf ihre Tauglichkeit (Operationalität) zu überprüfen. Die Voraussetzung für die Durchführung aussagekräftiger Evaluierungen sind möglichst klar formulierte Projektziele. Fehlen diese, ist es schwierig, einen präzisen Referenzrahmen (vgl. Kap. 3.1) für die Evaluierung zu formulieren. Defizite im Planungsinstrumentarium von Nichtregierungsorganisationen können daher auch nicht mit Hilfe eines Evaluierungsprozesses aufgefangen werden.

2.5.3 Warum sind gründliche Vorstudien zweckmäßig?

Vorstudien sind hilfreich für die Operationalisierung und die Durchführung eines Projektes

Feasibility-Studien nach klassischem Muster wurden im kirchlichen Entwicklungsdienst bisher nur selten durchgeführt. Bei größeren Vorhaben wäre es jedoch in vielen Fällen zweckmäßig, mit Hilfe eingehender Vorstudien die Ziele auf ihre Durchführbarkeit hin zu überprüfen oder zu präzisieren. Vorstudien, die sich um eine klare

Zielbestimmung bemühen und auch damit befassen, wie diese Ziele am besten zu erreichen sind, verbessern in der Regel auch die Voraussetzungen für spätere Evaluierungen. Dies ist besonders wichtig bei denjenigen Vorhaben, die intensiver begleitet werden sollen. Entsprechende Vorstudien sollten sich aber nicht nur auf technische oder betriebswirtschaftliche Probleme sowie Fragen der finanziellen Verantwortung konzentrieren, sondern auch dem inhaltlichen Dialog der Partner Raum bieten.

2.5.4 Weshalb sind Trägerstrukturanalysen wichtig?

Wichtigkeit von Partneranalysen

Ob die gesteckten Projektziele erreicht werden, hängt erfahrungsgemäß in hohem Maße von einer geeigneten Trägerstruktur ab. Deshalb ist im Rahmen der Antragsprüfung eines geplanten Projektes auch eine Beurteilung des betreffenden Trägers im Hinblick auf Organisation, Management, Personal, Finanzen und Zielgruppenbeteiligung unverzichtbar. Bereits in dieser Planungsphase sollten Evaluierungen als systematischer Bestandteil der Zusammenarbeit vorgesehen werden. Daher ist es empfehlenswert, den Partner bei der Entwicklung eines eigenen Evaluierungskonzeptes aktiv zu unterstützen und die erforderlichen Finanzmittel im vorgelegten Budget bereits zu berücksichtigen.

KAPITEL 3
WIE WIRD EINE EVALUIERUNG VORBEREITET?

Vorbemerkung

In den vorigen Kapiteln sind Grundfragen zum Evaluierungsverständnis und zu unterschiedlichen Evaluierungstypen behandelt worden. In diesem und den folgenden Abschnitten des Arbeitsbuches werden die praktisch-organisatorischen und methodischen Fragen erörtert, die bei der Planung und der Durchführung einer Evaluierung zu lösen sind.

3.1 Wie wird der Referenzrahmen erarbeitet?

Die Initiative zur Durchführung einer Evaluierung kann vom Partner, dem Hilfswerk oder von beiden ausgehen. Es ist von großer Bedeutung, daß von Anfang an die beiderseitigen Erkenntnisinteressen geklärt und – soweit dies möglich ist – in einem Dialog abgestimmt werden.

Gemeinsame Erarbeitung des Referenzrahmens

Das Hilfswerk und der Projektträger erarbeiten gemeinsam den Referenzrahmen auf der Grundlage ihrer Erkenntnisinteressen. In ihm wird festgelegt, welche Ziele die Evaluierung verfolgt und welche Fragen mit Hilfe welcher Methoden beantwortet werden sollen. Bei Eigenevaluierungen wird der Referenzrahmen häufig allein von der verantwortlichen Organisation erstellt.

Referenzrahmen als zentrales Bezugsdokument

Die Erarbeitung des Referenzrahmens stellt einen wichtigen Arbeitsschritt bei der Vorbereitung und Problemaufbereitung der Evaluierung dar. Gleichzeitig bildet er sowohl während der Durchführungs- als auch während der Auswertungsphase das zentrale Bezugsdokument, das in eindeutiger Form Zielsetzung und Aufgabenstellung der Evaluierung bestimmt.

Für die Erarbeitung des Referenzrahmens muß genügend Zeit vorgesehen werden, um klärungsbedürftige

Fragen partnerschaftlich erörtern zu können. Er sollte auch grundsätzlich von allen, die für das Projekt verantwortlich sind, gemeinsam erarbeitet werden, um deren unterschiedliche Erwartungen und Problemsichten zu berücksichtigen.

Erstfassung durch die Partnerorganisation

Wenn dies im gemeinsamen direkten Gespräch nicht möglich ist, sollte zunächst die Partnerorganisation die Erstfassung des Referenzrahmens erstellen. Das Hilfswerk trägt dann im Zuge des Abstimmungsprozesses seine eigenen Fragen vor, bis eine konsensfähige gemeinsame Fassung formuliert worden ist. Nur wenn die Partnerorganisation keinen ersten Entwurf erstellt, sollte das Hilfswerk initiativ werden, den Entwurf erarbeiten und die Partnerorganisation um Stellungnahme oder Ergänzungen bitten.

Referenzrahmen muß allen Beteiligten bekannt sein

Vor dem Beginn der Durchführungsphase der Evaluierung muß die endgültige Fassung des Referenzrahmens allen direkt Beteiligten vorliegen:
– der Partnerorganisation
– dem Hilfswerk
– den Mitgliedern des Evaluierungsteams und möglichst
– den Vertretern und Vertreterinnen der betroffenen Bevölkerung.

Bei Evaluierungsbeginn können sich noch Veränderungen am Referenzrahmen ergeben. Sie müssen aber im Rahmen der Gesamtzielsetzung liegen und sollten im Bericht aufgeführt und begründet werden.

Partizipatorische Evaluierungen erfordern die Mitwirkung aller bei der Formulierung des Referenzrahmens

Ein besonderes Gewicht kommt der Festlegung des Referenzrahmens bei vollständig partizipatorisch angelegten Evaluierungen (bzw. Participatory Action Research-Methoden) zu. In einem eigenen methodischen Schritt, z. B. mit Hilfe von Workshops und breit angelegten Diskussionsrunden, nehmen hier alle Beteiligten, insbesondere auch die betroffenen Bevölkerungsgruppen, an der Festlegung des Referenzrahmens teil.

Individuelle Referenzrahmen statt standardisierter Formen

Die partnerschaftliche Erarbeitung des Referenzrahmens entspricht dem Kooperationsverständnis der kirchlichen Entwicklungsarbeit. Dies schließt ein, daß der Referenzrahmen für jede Evaluierung eigens festgelegt, sozusagen „maßgeschneidert" wird. Demgegenüber sind beispielsweise die vom Bundesministerium für wirtschaftliche Zusammenarbeit (BMZ) oder von einigen internationalen Organisationen vorgeschriebenen standardisierten Raster allzu schematisch. Sie können jedoch Anhaltspunkte für Fragestellungen liefern sowie die Vergleichbarkeit von Evaluierungen, z. B. im Rahmen von Querschnittsauswertungen, erleichtern.

Abfassung in der Landessprache

Referenzrahmen müssen präzise und unmißverständlich formuliert und in der Landessprache abgefaßt werden. Die Fragen sollen von den beauftragten Personen in einer angemessenen Zeit inhaltlich wie methodisch zu bearbeiten sein.

Im allgemeinen wird der Referenzrahmen dreiteilig aufgebaut:
1. Generelle Zielsetzung der Evaluierung
2. Spezifische Fragen/Fragenkomplexe und problemorientierte Erkenntnisinteressen (siehe nachfolgende Erläuterungen hierzu)
3. Grundelemente der Evaluierungsmethoden (vgl. dazu Kap. 3.2).

Die spezifischen Fragen im Referenzrahmen beziehen sich typischerweise auf folgende Punkte:

Ergebnisse der Projektarbeit:
Welche Ergebnisse wurden erzielt? Wie wurden sie erzielt? Wie stehen die erreichten Ergebnisse zu den geplanten? Welche negativen Faktoren haben bessere Ergebnisse verhindert? Welche positiven Umstände haben sie ermöglicht? Welche Kosten sind entstanden?

Wirkungen/Nutzen:
Wie wirken sich die erzielten Ergebnisse aus (z. B. bei Armen, Landlosen, Frauen, Jugendlichen)? Welche direkten, indirekten oder auch unbeabsichtigten Wirkungen sind zu beobachten? Worin liegt der (materielle oder immaterielle) Nutzen? Wie nachhaltig sind die Ergebnisse? Was hat dazu beigetragen? Wie ist der Nutzen in Relation zu den Kosten einzuschätzen?

Prozesse und Organisationsformen:
Wer macht was und wie? Wieweit ist die Bevölkerung eigenständig organisiert? Wie stark ist sie dabei (noch) auf externe Unterstützung angewiesen? Wie ist das Verhältnis zwischen materiellen Ergebnissen und sozialen, bewußtseinsmäßigen Prozessen? Wie stimmig und aufgabenangemessen sind Strukturen und Organisationsformen bei der Trägerorganisation? Welche Beteiligungsformen bestehen bei Planung und Arbeitsdurchführung? Sind Verfahrensregeln und Entscheidungsabläufe angemessen? Wie steht es mit der formellen und informellen Qualifikation der Mitarbeiter und Mitarbeiterinnen? Welcher Bedarf für Änderungen besteht in den angesprochenen Bereichen?

Außenbeziehungen:
Zwischen wem und welchen Personengruppen bestehen einschlägige Beziehungen, bzw. wo fehlen sie? Wie effektiv sind sie für die geplanten Ziele?

Rahmenbedingungen:
Wer oder was beeinflußt die Entwicklungsarbeit von außen wesentlich? Wie können externe Faktoren genutzt oder eingedämmt werden? Welche zusätzlichen Aktivitäten werden nötig, um Rahmenbedingungen zu verbessern?

Die oben exemplarisch aufgeführten Fragen machen deutlich, daß sich die Fragestellungen bei Evaluierungen bei weitem nicht auf materielle Aspekte reduzieren lassen (z. B. auf Brunnenbau, landwirtschaftliche Produktion, Alphabetisierungsrate, erreichte Gesundheitsindikatoren, Arbeitsorganisation bzw. „Projektdurchführung").

Berücksichtigung „immaterieller" Aspekte im Referenzrahmen

In dem Maße, wie „immaterielle" Aspekte – z. B. Bewußtseinsänderung der Bevölkerung oder Selbstorganisation und Durchsetzungsvermögen der Armen – zum eigentlichen Ziel der Entwicklungsarbeit werden, müssen die Referenzrahmen hierauf ausdrücklich eingehen. Damit werden Fragen nach der Qualität der Ergebnisse und Wirkungen und nach den Organisationsformen und Interaktionsbeziehungen unerläßlich.

3.2 Was der Referenzrahmen zu den Untersuchungsmethoden aussagen sollte

Benennung der Methodik der Untersuchung im Referenzrahmen

Der Referenzrahmen kann sich nicht, wie es in der Praxis oft geschieht, darauf beschränken, Fragestellungen zu formulieren und dann die Art und Weise ihrer Beantwortung dem Evaluierungsteam überlassen. Gerade auch im Hinblick auf die angestrebte Beteiligung der Zielgruppe an der Evaluierung sind Aussagen zu den anzuwendenden Methoden notwendig. Auch mögliche konfliktive Situationen machen eine methodische Transparenz der Evaluierung erforderlich. Aus dem Evaluierungsbericht muß nachvollziehbar hervorgehen, wie man zu den Ergebnissen gekommen ist und wie diese zu gewichten sind: Handelt es sich um verallgemeinerbare Aussagen, um Einzeleindrücke, um Trends; in welcher Weise ist die Sicht der betroffenen Bevölkerung berücksichtigt worden etc.?

> Drei nicht ganz fiktive Beispiele mögen Probleme erläutern, die aus mangelnder Methodentransparenz resultieren können:
>
> *Fall A:*
>
> Ein Evaluierungsteam macht in seinem Bericht Aussagen zu den „eigentlichen Bedürfnissen der Bevölkerung". Bei der Auswertung des Berichtes entsteht der Eindruck einer fundierten, basisbezogenen Analyse. In Wirklichkeit beruhen jedoch alle Aussagen auf der subjektiven Einschätzung von Projektmitarbeitern; ein direkter Dialog mit der Bevölkerung hat nicht stattgefunden – nur davon steht nichts im Bericht...
>
> *Fall B:*
>
> Eine Evaluierung kommt zu sehr negativen Aussagen über ein Projekt oder die Arbeit eines Partners. Aus dem Bericht geht nicht hervor, wie man zu diesen Aussagen gelangt ist. Vielmehr heißt es an mehreren Stellen: „So haben wir erfahren, daß..." oder „Von einigen Interviewpartnern wurde uns gesagt ...". Der Projektpartner reagiert mit dem Vor-

wurf, daß dem Projekt ablehnend gegenüberstehende Personen befragt worden seien, die aus Mißgunst die entsprechenden Angaben gemacht hätten. Die „richtigen" Personen seien nicht ausreichend zu Wort gekommen, nicht befragt worden. Eine offene Konfliktsituation...

Fall C:
Eine gemeinsame Evaluierung kommt zu einer teils positiven, teils negativen Einschätzung eines Projektes. Der Projektträger weist die negativen Einschätzungen pauschal zurück, indem er die gesamte Evaluierung als „unwissenschaftlich", „subjektiv" ablehnt und behauptet, daß er in allen Punkten den „objektiven Gegenbeweis" antreten könne. Der Bericht enthält keine klaren methodischen Aussagen, eine endlose Pro- und Kontradiskussion schließt sich an...

Notwendige Klärung methodischer Fragen

Diese bewußt ausgewählten negativen Fälle, die auch Evaluierungstypen darstellen, die nach unserem Verständnis der Vergangenheit angehören sollten, machen deutlich, welche Bedeutung der Klärung von methodischen Fragen schon in der Vorbereitungsphase von Evaluierungen zukommt. Mit dem Evaluierungsteam muß über diese Fragen diskutiert werden, die gewählten Methoden sollten im Referenzrahmen einen wichtigen Raum einnehmen. Wie aus den Fallbeispielen auch deutlich wird, muß die gewünschte Methodentransparenz natürlich auch während der Durchführung gegeben sein und später in den Evaluierungsbericht eingehen. Jeweils auf Fragen oder Fragenkomplexe des Referenzrahmens bezogen, sollte klar formuliert werden, wie man zu den Antworten kommen will.

Einige Beispiele zu derartigen methodischen Festlegungen:
- Befragung von Projektverantwortlichen (Leitfadeninterview; vgl. Anhang 2.3);
- Zwei- bis dreitägiger Aufenthalt der Evaluierungsteams in einem ausgewählten Dorf (teilnehmende Beobachtung; vgl. Anhang 2.2);
- Befragung mittels Fragebogen (vgl. Anhang 2.3);
- Erstellung und Analyse eines Organigramms, Beschreibung der Kommunikationsflüsse, Entscheidungskompetenzen etc.;
- Bedürfnisanalyse mit der nicht schreib- und lesekundigen Bevölkerung, z. B. unter Verwendung der Animationsmethode der Groupe de Recherche et d'Appui pour l'Autopromotion Paysanne (GRAAP) aus Westafrika (vgl. Informationen zu GRAAP, Anhang 3.1);
- Projektneuplanung unter Anwendung einer modifizierten ZOPP-Methode (ZOPP = Zielorientierte Projektplanung, vgl. Anhang 3.2);
- Beteiligtenanalyse in Anlehnung an die ZOPP-Methode;
- Analyse der Einkommen ausgewählter Haushalte und der Einkommensverteilung innerhalb der Haushalte;
- Berechnung der einkommenschaffenden Effekte von ökonomischen Kleinprojekten der Zielgruppe;
- Statistische Analyse (nach Altersgruppen, Männern, Frauen etc.) der erreichten Zielgruppe eines Bildungsprogrammes;
- Analyse der Auswirkungen eines Bildungsprogrammes unter Verwendung ausgewählter Indikatoren. Begründung der Auswahl und Gewichtung dieser Indikatoren;
- Analyse der Wasserqualität eines Brunnenbohrprogrammes;
- Kartierung der Quellen eines Gebietes;
- Statistische Analyse des Viehbestandes in einem Gebiet etc.

3.3 Wichtige methodische Aspekte

3.3.1 Welche methodischen Fragen ergeben sich aus dem Zeitpunkt der Evaluierung?

Unterscheidung zwischen Vorstudien und Evaluierungen

Der Zeitpunkt der Evaluierung hat entscheidenden Einfluß auf Fragestellung und Methodenwahl. In der Evaluierungsliteratur werden die Methoden gewöhnlich danach geordnet, ob sie einer „Ex ante"-Evaluierung (Durchführbarkeits- oder Pilotevaluierung), einer „Ad inter"-Evaluierung (Verlaufsevaluierung) oder „Ex post"-Evaluierung (Ergebnisevaluierung) dienen sollen. Angesichts der langjährigen und fortdauernden Partnerbeziehungen erscheint diese Unterteilung für die kirchliche Entwicklungsförderung nicht zweckmäßig. Eine Trennungslinie ist allenfalls zwischen Vorstudien und sonstigen Evaluierungen zu ziehen. Vorstudien werden in aller Regel methodisch so angelegt sein, daß die Auswertung von Sekundärmaterial zur besseren Einschätzung eines Projektes oder Programmes einen weitaus breiteren Raum einnimmt als bei laufenden Vorhaben bekannter Trägerorganisationen.

3.3.2 „Methodenmix"/ Angepaßtheit der Methoden

Kreative, kontextgerechte Methodenwahl

Zwar gibt es zahlreiche Versuche, methodische Vorgehensweisen bei Evaluierungen entsprechend den jeweiligen Projekt- oder Programmtypen zu standardisieren (z. B. *Gibbs: Rapid Rural Appraisal, 1987, S. 193 f.),* jedoch bestehen gewichtige Vorbehalte, inwiefern dies angesichts der großen Vielfalt sozialer und kultureller Gegebenheiten durchgängig möglich und wünschenswert ist. Bereits die oben angegebenen Beispiele zeigen, daß es bei der Auswahl geeigneter Methoden darauf ankommt, eine auf den jeweiligen soziokulturellen Kontext sowie die spezifischen Bedingungen im Projekt zugeschnittene Mischung von Methoden vorzusehen. In der Vorbereitung und Durchführung von Evaluierungen ist dabei ein hohes Maß an Kreativität gefordert. Dies ist nicht nur notwendig, um die ausgetretenen Pfade klassischer Evaluierungen kirchlicher Entwicklungsprojekte zu verlassen, bei denen die Methode häufig lautete: „Gespräche mit...", sondern auch, um dem Anspruch kirchlicher Entwicklungsarbeit nach soziokultureller Angepaßtheit und Basisnähe auch in Evaluierungen gerecht zu werden. Es kann nicht darum gehen, die in Standardwerken zur empirischen Sozialforschung (vgl. z. B. die Werke von *Jürgen Friedrichs* und *Helmut Kromrey*) wiedergegebenen Methoden unreflektiert „anzuwenden" oder in einen völlig anderen soziokulturellen Kontext unverändert zu übertragen. Auch die in der empirischen Sozialforschung gebräuchlichen Prinzipien der Gültigkeit (Validität), Verläßlichkeit (Reliabilität) und Abbildungsgenauigkeit (Repräsentativität) müssen vor dem Hintergrund einer situationsgerechten Evaluierungsmethodik relativiert werden (vgl. dazu auch Anhang 2.).

Kritische Reflexion der Prinzipien „empirischer" Sozialforschung

3.3.3 Von Quantität und Qualität

Es kann im vorliegenden Zusammenhang nicht darum gehen, die wissenschaftliche Kontroverse um quantitative versus qualitative Methoden nachzuzeichnen. Einige wichtige Aspekte dieser Frage sollen jedoch an dieser Stelle kurz aufgezeigt werden. Häufig wurde Kritik an kirchlicher Entwicklungsarbeit geübt, die darauf zielte, daß man viel Geld in Maßnahmen der Bewußtseinsbildung, der nonformalen Erwachsenenbildung oder der Animationsarbeit stecke, ohne über die konkreten Erfolge und Auswirkungen empirisch stichhaltigere Aussagen treffen oder gar eine Kosten-Nutzen-Analyse vorlegen zu können. Angesichts der Frage etwa: „Was ist denn nun das Ergebnis (,impact') von fünf Jahren Animationsarbeit mit den Frauen in dieser Region?" geraten die Hilfswerke ebenso wie ihre Partner leicht in „Beweisnot". Und nicht nur dies: Natürlich sind verantwortliche Projektpartner selbst daran interessiert, ihre Arbeit zu bewerten und ständig zu verbessern. Aber wie können quantitativ nicht erfaßbare Merkmale bewertet werden, wie z. B. der Mobilisierungs- oder Organisationsgrad von Bevölkerungsgruppen, deren gestiegenes Selbstbewußtsein, die Emanzipation von Frauen, das „Vertrauen in die eigene Kraft", die Bewahrung kultureller Eigenart? Da klassische psychologische und sozialpsychologische Methoden, wie etwa der direkten Einstellungsmessung,

„Beweisnot" über qualitative Auswirkungen

Indikatorenbildung

Politisches Bewußtsein und Handlungsbereitschaft marginalisierter Bevölkerungsgruppen sind mit „klassischen" Methoden nicht zu erfassen. Inwieweit diese wichtigen Ziele kirchlicher Entwicklungsarbeit erreicht wurden, läßt sich nur durch die veränderte Einstellung und entsprechende Handlung der Menschen ermitteln.
(Protestzug indischer Fischer zum Schutz ihres Lebensraumes)

nur sehr bedingt anwendbar bzw. übertragbar sind, geht es in diesem Bereich viel eher um die Weiterentwicklung der Anwendung von (meist indirekten) Indikatoren. Über die Beobachtung von Veränderungen im alltäglichen Verhalten der Zielgruppe kann man durchaus auf Bewußtseins- oder Einstellungsänderungen schließen.

> Beispiele:
> - Über die Beobachtung einer für die Frau günstigeren Verteilung der Arbeitslast kann man zu Aussagen über ein verändertes Rollenverständnis von Mann und Frau kommen: *Arbeitsverteilung als indirekter Indikator.*
> - Aus der Tatsache, daß Bauern ihre Produkte selbst zu vermarkten beginnen, anstatt sich von Händlern Preise diktieren zu lassen, kann man auf erhöhtes Selbstbewußtsein, größeres Verständnis ökonomischer Zusammenhänge und einen erhöhten Organisationsgrad schließen: *Vermarktungsaktivität als indirekter Indikator.*

Sehr schwierig ist natürlich die Herstellung eines kausalen Zusammenhangs der Aktivitäten eines Projektes mit den beobachteten „qualitativen" Ergebnissen, da ja das Projekt nicht alleiniger „Entwicklungsakteur" in dem Gebiet ist. Dies ist aus der Sicht der Bevölkerung allerdings auch eine irrelevante Frage.

3.3.4 Methoden der Partner aufgreifen

Eigenes Methodenspektrum der Partner

Die Partner der kirchlichen Entwicklungsarbeit haben z.T. sehr bemerkenswerte methodische Konzepte entwickelt, um mit ihren Zielgruppen zu arbeiten. Aus der genauen Kenntnis der Kultur der Bevölkerung, ihrer traditionellen Kommunikationsformen, ihrer Pädagogik etc. ist ein reicher Erfahrungsschatz an Methoden entstanden, der bisher meist aus den methodischen Überlegungen zu Evaluierungen ausgeklammert war, da sie in die Schubladen „Animation", „Bewußtseinsbildung", „Ausbildung von Führungskräften" etc. abgelegt waren.

Doch gerade in diesen Bereichen wird ja auch analysiert, bewertet, geplant, und das unter Berücksichtigung der Zielgruppen.

Als Beispiele hierfür wären zu nennen:
- die vor allem im anglophonen Afrika verbreiteten (auf Paulo Freire basierenden) DELTA-Programme (DELTA = Development Education and Leadership Training for Action; vgl. dazu Anhang 3.3);
- die bereits genannten Ansätze von GRAAP, Burkina Faso (vgl. Anhang 3.1);
- der Ansatz „Action-Recherche-Formation" von ENDA-GRAF, Senegal (GRAF = Groupe Recherche Action Formation der Nichtregierungsorganisation ENDA, Senegal; vgl. dazu Anhang 3.4).

Dieser im Umfeld partizipativer Selbsthilfeansätze entstandene Methodenreichtum sollte viel stärker als in der Vergangenheit gerade auch in die Evaluierungsarbeit kirchlicher Partner eingehen.

3.3.5 Partizipatorische Evaluierungsansätze

Demokratische Prozesse gemeinschaftlicher Erforschung, Analyse und Aktion

Im Unterschied zur klassischen Evaluierungsmethodik werden partizipatorische Evaluierungen als demokratische Prozesse gemeinschaftlicher Analyse und Aktion von den benachteiligten Bevölkerungsgruppen selbst durchgeführt. Sie zielen darauf ab, deren Fähigkeit zur Veränderung ihrer Situation zu stärken („empowerment of the poor"). Damit tragen sie dazu bei, die Betroffenen für entwicklungsorientiertes Handeln zu mobilisieren und sie zu befähigen, ihr Handeln zu bewerten und daraus für weitere Aktionen zu lernen.

Qualitative Prozeßbegleitung

Dies beinhaltet auch, daß die partizipatorische Evaluierung im Unterschied zu den herkömmlichen Kriterien der Effizienz, Effektivität und Signifikanz in erster Linie auf eine qualitative Prozessbegleitung und kontinuierliche Wirkungsbeobachtung abzielt. Erst in zweiter Linie ist sie auch auf die Erfassung statistisch meßbarer Ergebnisse ausgerichtet.

Der Evaluierungsprozeß umfaßt drei Elemente, die wechselseitig aufeinander einwirken und einander bedingen. Graphisch läßt sich dies so darstellen:

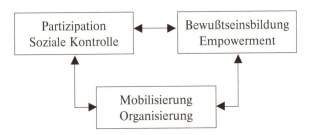

3.3.5.1 Soziale Kontrolle bei den Betroffenen

Aktive Beteiligung der Betroffenen

Partizipation/Soziale Kontrolle ist Grundbedingung für die Existenz der beiden anderen Elemente und wird wiederum durch diese gestärkt. Ohne die aktive Beteiligung der Betroffenen und ihre Kontrolle über Prozeß, Erkenntnisse und Ergebnisse der Evaluierung ist weder „empowerment of the poor" noch der Aufbau tragfähiger Volksorganisationen („people's organisations") möglich. Umgekehrt sichern demokratische Organisationsstrukturen und das Bewußtsein gemeinsamer Stärke partizipatorische Lebens- und Arbeitszusammenhänge ab.

3.3.5.2 Wissen stärkt Handlungsfähigkeit

„empowerment of the poor"

Bewußtseinsbildung/Empowerment wird u. a. ermöglicht durch Wissen, das sich die Betroffenen selbst im partizipatorischen Evaluierungsprozeß erarbeiten. Dies umfaßt zum einen die Anerkennung und Aufwertung authentischen „Volkswissens", zum anderen die Aneignung externen Wissens technischer, methodischer und sonstiger fachlicher Art durch die Betroffenen und zum dritten die Integration beider Wissensströme. Entdeckung, Prüfung, Auswahl und Festigung des Wissens geschehen durch konkrete Aktion, für die Mobilisierung und Organisierung Voraussetzungen sind. Heranbildung von Wissen mit dem Ziel des „empowerment of the poor" setzt wiederum Partizipation und Kontrolle voraus, um die Entstehung von „Herrschaftswissen" bei

Wichtige Aufgaben im Rahmen einer partizipatorischen Evaluierung übernehmen Personen, die an der Basis mit der Bevölkerung arbeiten und sich für deren Selbstorganisation und aktive Beteiligung an Gemeinschaftsvorhaben einsetzen.
(Treffen der Mitglieder einer Fischzuchtkooperative in Bangladesh)

wenigen zu verhindern. Dies bedeutet auch, daß eine externe fachliche Expertise so eingebracht werden muß, daß die Betroffenen sie verstehen und sich aneignen können.

3.3.5.3 Organisierte gemeinsame Aktion

Mobilisierung und Organisierung

Charakteristischerweise ist im partizipatorischen Evaluierungsprozeß mit der Reflexion die Aktion verbunden. Die betroffenen Gruppen müssen bereit sein, sich hierfür zu engagieren und zu organisieren. Dies wiederum schafft und stärkt Bewußtsein und Handlungsmacht wie auch die Fähigkeit zu Partizipation und Kontrolle.

3.3.5.4 Bereicherung durch Beteiligung Außenstehender

Beratung, aber keine Entscheidung durch Außenstehende

Fachkundige außenstehende Personen können durch ihre Teilnahme an partizipatorischen Evaluierungen den Prozeß mit ihren Kenntnissen, Wahrnehmungen und Sichtweisen bereichern. Allerdings sollen sie keine dominante Funktion haben: Sie sollen den Lernprozeß durch die Vermittlung ihres fachlichen und methodischen Wissens erleichtern, aber nicht die Kontrolle über den Gesamtprozeß übernehmen. Diese sollen sie mit den Betroffenen teilen. Zudem müssen sie die Fähigkeit zur Selbstkritik besitzen und bereit sein, Kritik durch die Betroffenen anzunehmen. Sie sollen Diskussionen initiieren und dabei ihr methodisches Wissen an die Beteiligten weitergeben.

3.3.5.5 Authentizität bedeutet Validität

Soziale Fähigkeiten

Die Gültigkeit (Validität) partizipatorischer Evaluierungsansätze beruht nicht – wie in der klassischen Evaluierung – auf statistischen Erhebungen und Verfahren, sondern auf Authentizität. So sollte eine solche Evaluierung, um valide Ergebnisse zu erbringen, zum richtigen Zeitpunkt und mit dem richtigen Zeithorizont stattfinden – und zwar aus der Sicht der Betroffenen. Zum anderen kommt es mehr auf die sozialen Fähigkeiten der Evaluiererin oder des Evaluierers (Einfühlsamkeit, Zuverlässigkeit, Akzeptanz bei der Bevölkerung etc.) als auf die „Ausgefeiltheit" der Methoden und Instrumente an. Im übrigen sollten Inhalte und Methoden gut aufeinander abgestimmt sein.

3.3.5.6 Methodenübersicht

Methodisches Element	Instrumente	Beteiligte
Inhaltsanalyse von Dokumenten, Projektberichten, Veröffentlichungen etc.	Karteikartensystem nach gemeinsamer, einheitlicher Gliederung	Evaluierungsteam
Veranstaltungen, Workshops, Seminare	Gruppendiskussionen, strukturierte und unstrukturierte Einzeldarstellungen, kreative Ausdrucksformen (Rollenspiel, Drama, Zeichnen und Malen, Musik, Collagen usw.), Visualisierung (Wandzeitungen, Diagramme, Karten, Photographien), Problemskizzen und Erfahrungsberichte	Bevölkerung, Projektmitarbeiter verschiedener Ebenen, Evaluierungsteam
Feldaufenthalte (field visits)	Teilnehmende Beobachtung, Gemeindezusammenkünfte oder Treffen lokaler Gruppen (community meetings), Gruppendiskussionen, kulturelle Veranstaltungen, Feldtagebücher, einfache, bildhafte Darstellung (Visualisierung)	Bevölkerung, regionale bzw. lokale Projektmitarbeiter, Evaluierungsteam
Fallstudien	Themengruppen/Arbeitsgruppen (task groups), schriftl. Dokumentation mündl. Vortrag, gemeinsame Analyse und Auswertung	„Task Group" aus Bevölkerung, Projektmitarbeitern und Mitgliedern des Evaluierungsteams, Auswertung in größerem Kreis

Methodisches Element	Instrumente	Beteiligte
„Fact finding tours" (z. B. zur Erkundung von Möglichkeiten, Hindernissen und unterstützenden Strukturen für bestimmte Maßnahmen)	(wie bei Fallstudien)	(wie bei Fallstudien)
Interviews mit Schlüsselpersonen	Tiefeninterviews (unstrukturiert, strukturierte und semistrukturierte Frageraster)	Evaluierungsteam, Schlüsselpersonen aus der Bevölkerung und vom Projektträger sowie Externe
Perzeptionsanalyse	Zusammenstellung von verschiedenen Aussagen (Liste), Bewertungsskala, gemeinsame Interpretation	Projektmitarbeiter verschiedener Ebenen, Evaluierungsteam
Organisationsanalyse	Organigramm (formell, informell), Stellenkegel, Funktions- und Qualifikationsübersicht	Projektmitarbeiter, Evaluierungsteam

Ob, in welchem Umfang, in welcher Differenziertheit und in welcher Zusammensetzung die genannten methodischen Elemente und Instrumente anzuwenden sind und wie weit jeweils der Kreis der Beteiligten gefaßt werden soll, muß im Einzelfall von den Beteiligten beraten und entschieden werden.

3.3.5.7 Voraussetzungen für den partizipatorischen Ansatz

Demokratische Entscheidungsprozesse

Soll eine partizipatorische Evaluierung durchgeführt werden, muß gewährleistet sein, daß im Programm selbst bereits demokratisch entschieden und gehandelt wird und daß bei möglichst vielen Beteiligten hierfür die nötigen Kenntnisse und Erfahrungen vorliegen. Ist dies nicht der Fall, so wird man andere Formen der Evaluierung – häufig Mischformen – anwenden bzw. vorbereitende Maßnahmen, z. B. eine spezifische Fortbildung, durchführen müssen.

3.3.5.8 Die Beteiligung der Hilfswerke ist schwierig

Partizipatorische Evaluierungsprozesse erfordern eine intensive Beteiligung und einen beträchtlichen Zeitaufwand. Dies macht es Vertreterinnen und Vertretern kirchlicher Hilfswerke aufgrund ihrer Aufgabenfülle und Arbeitsbelastung schwer, sich an solchen Prozessen zu beteiligen. Ein- bis zweiwöchige „Inspektionsbesuche" sind sicherlich unangemessen. Partizipatorischer Ansatz, Prozeßcharakter und Zeitdauer erfordern entweder eine erheblich intensivere Mitwirkung oder einen gänzlichen Verzicht darauf. Hier werden im Einzelfall Überlegungen zu neuen Formen der Mitwirkung anzustellen sein, die sowohl den Erfordernissen aus der Sicht der Partner als auch unseren Arbeitsbedingungen gerecht werden.

Intensive Mitwirkung der Hilfswerke

3.3.5.9 Eigendynamik des Prozesses

Zu berücksichtigen ist ferner, daß partizipatorische Evaluierungsprozesse zeitlich und konzeptionell häufig die Logik und das Prinzip von (Einzel-)Projekten überschreiten. Tempo und Rhythmus der Prozesse werden nicht durch externe Daten wie Projektbewilligung, Projektbeginn, Projektende, 1. Phase, 2. Phase u.ä. bestimmt, sondern durch die Lern- und Aktionsstruktur der einbezogenen Bevölkerung. Die in Gang gesetzten bzw. verstärkten Bewußtseins- und Handlungsprozesse können Ziele und Maßnahmen in einer Weise verändern, wie sie im ursprünglichen Projektantrag nicht vorgesehen war. Für die Beteiligten an einer solchen Evaluierung mag es in der Folge immer schwieriger werden, die Inhalte und Ergebnisse ihrer Analyse so genau zu ordnen, daß ein Teil von ihnen eindeutig dem „geförderten Projekt" zuzuschreiben ist.

Lern- und Aktionsstruktur der Bevölkerung

Schließlich darf die wenig „akademisch" anmutende Methodik nicht darüber hinwegtäuschen, daß hier zwar weniger statistische Kenntnisse, dafür aber umso mehr Fähigkeiten im sozialen, kommunikativen und pädagogisch-didaktischen Bereich gefordert sind.

3.3.6 Welche Ansätze zur Beurteilung des wirtschaftlichen Erfolges von Projekten und Programmen gibt es, inwieweit brauchen wir Kosten-Nutzen-Analysen?

Fragen der Kostenminimierung

Die kirchlichen Entwicklungsorganisationen sind zur Haushalterschaft im Umgang mit den anvertrauten Mitteln verpflichtet. Aus diesem Grund muß auch in Evaluierungen untersucht werden, inwieweit kostengünstige Lösungen Anwendung gefunden haben. Dies betrifft auch Projekte/Programme im Bereich der „Investition in Menschen" (human resources development) oder der Daseinsvorsorge.

Fallweise Anwendung der Kosten-Nutzen-Analyse

Die Kosten-Nutzen-Analyse (cost benefit analysis) und die Aufwands-Ertrags-Analyse (cost effectiveness analysis), die in Evaluierungen staatlicher und internationaler Organisationen angewandt werden, werden in der kirchlichen Entwicklungsförderung daher in dieser rein betriebswirtschaftlichen Ausrichtung kaum angewandt.

Allerdings sollten sie in den Fällen rentierlicher Kapitalanlagen zugunsten kirchlicher Entwicklungsarbeit auch konsequenter angewandt werden als bisher. Anwendungsfälle sind Stiftungs- oder Startkapital (endowments), Patrimonien oder Revolvingfonds.

Wirtschaftlichkeitsanalysen im Zusammenhang mit einkommenschaffenden Maßnahmen

Im Zusammenhang mit einkommenschaffenden Maßnahmen sind Analysen zur Wirtschaftlichkeit der geplanten oder durchgeführten Maßnahmen (Viabilitätsberechnungen) von besonderer Bedeutung. Hier stellt sich die Frage, ob die Maßnahmen unter Berücksichtigung aller investierten Faktoren und der Marktsituation tatsächlich geeignet sind, der Zielgruppe ein Einkommen zu schaffen bzw. deren aktuelles Einkommen zu erhöhen.

„Kosten-Nutzen-Analysen gestatten einen Vergleich der ökonomischen Effizienz von Programmen, selbst wenn ihre Zielsetzungen verschieden sind. Nach anfänglichen Versuchen in den frühen 70er Jahren, Kosten-Nutzen-Analysen im Sozialbereich einzuführen, äußerten sich Evaluationsforscher jedoch zunehmend skeptisch über ihre Brauchbarkeit, z. B. der Vergleiche von Programmen zur Familienplanung mit Gesundheitsprogrammen oder Vergleiche von Wohnungsprogrammen

3.3.5.8 Die Beteiligung der Hilfswerke ist schwierig

Partizipatorische Evaluierungsprozesse erfordern eine intensive Beteiligung und einen beträchtlichen Zeitaufwand. Dies macht es Vertreterinnen und Vertretern kirchlicher Hilfswerke aufgrund ihrer Aufgabenfülle und Arbeitsbelastung schwer, sich an solchen Prozessen zu beteiligen. Ein- bis zweiwöchige „Inspektionsbesuche" sind sicherlich unangemessen. Partizipatorischer Ansatz, Prozeßcharakter und Zeitdauer erfordern entweder eine erheblich intensivere Mitwirkung oder einen gänzlichen Verzicht darauf. Hier werden im Einzelfall Überlegungen zu neuen Formen der Mitwirkung anzustellen sein, die sowohl den Erfordernissen aus der Sicht der Partner als auch unseren Arbeitsbedingungen gerecht werden.

Intensive Mitwirkung der Hilfswerke

3.3.5.9 Eigendynamik des Prozesses

Zu berücksichtigen ist ferner, daß partizipatorische Evaluierungsprozesse zeitlich und konzeptionell häufig die Logik und das Prinzip von (Einzel-)Projekten überschreiten. Tempo und Rhythmus der Prozesse werden nicht durch externe Daten wie Projektbewilligung, Projektbeginn, Projektende, 1. Phase, 2. Phase u.ä. bestimmt, sondern durch die Lern- und Aktionsstruktur der einbezogenen Bevölkerung. Die in Gang gesetzten bzw. verstärkten Bewußtseins- und Handlungsprozesse können Ziele und Maßnahmen in einer Weise verändern, wie sie im ursprünglichen Projektantrag nicht vorgesehen war. Für die Beteiligten an einer solchen Evaluierung mag es in der Folge immer schwieriger werden, die Inhalte und Ergebnisse ihrer Analyse so genau zu

Lern- und Aktionsstruktur der Bevölkerung

Bei partizipatorischen Evaluierungsansätzen kommt es auf einen möglichst hohen Grad an Realitätsbezug an. Daher sind gültige Ergebnisse stärker von den sozialen Fähigkeiten der Evaluierer (z.B. Sensibilität, Zuverlässigkeit, Akzeptanz bei der Bevölkerung) als von ausgefeilten statistischen Operationen abhängig.
(Gesprächszene in Burkina Faso)

mit Projekten im Bildungsbereich. Oft ist es schlicht unmöglich, einen Konsens zu erzielen, etwa über den Geldwert eines Lebens, das durch ein Programm zur Geburtenkontrolle verhindert oder durch eine Gesundheitskampagne gerettet wird. Nur wenn solche Probleme überzeugend gelöst werden, sind Programmvergleiche wie die genannten sinnvoll" *(Rossi/Freeman/Hofmann, 1988, S. 181).*

Überprüfung der Vertretbarkeit des Mitteleinsatzes

Fragen nach einem alternativen Mitteleinsatz

Auch wenn es im vorliegenden Zusammenhang nur in den seltensten Fällen um Programmvergleiche dieser Art gehen wird, sind Kosten-Nutzen-Analysen in einem eingeschränkteren Sinn für die Evaluierung von Projekten kirchlicher Entwicklungszusammenarbeit natürlich von Bedeutung. Es geht hier um ein Überprüfen der Frage, ob die eingesetzten Mittel in einer vertretbaren Relation zum Nutzen, d. h. den erzielten Wirkungen eines Projektes, stehen. Die Quantifizierung der relativen Größe der „Vertretbarkeit" ist von der Sache her sehr schwierig und letztlich auch in Abhängigkeit von der jeweils verfolgten „policy" zu sehen. Das hier skizzierte Verständnis von Kosten-Nutzen-Analysen schließt Fragen nach dem Mitteleinsatz in alternative Maßnahmen (bei gleichen Zielen) ein: Hätte man die Wirkungen auf eine andere (kostengünstigere) Weise auch erzielen können?

3.4 Wie wird das Evaluierungsteam zusammengestellt und wie werden die Aufgaben festgelegt?

Das Evaluierungsteam ist die formal beauftragte Personengruppe, die gemeinsam die Evaluierung durchführt und den abschließenden Bericht erstellt.

3.4.1 Wie viele und welche Personen sollte das Team umfassen?

Kriterien der Teambildung

Die Zusammensetzung und die Anzahl der Mitglieder des Teams sind abhängig von:
– den Sachfragen des Evaluierungsvorhabens
– dessen Umfang und Intensität

- den anzuwendenden Methoden
- der Mitbeteiligung von Durchführungsorganisationen, Bevölkerung, Hilfswerken, kirchlichen Stellen, Fachorganisationen u. a.

Der personelle, finanzielle und organisatorische Aufwand muß aber in einem angemessenen Verhältnis zum angestrebten Ergebnis stehen.

Korrektiv der Gruppendiskussion

Erfahrungsgemäß arbeiten Teams mit einer Größe von zwei bis vier Mitgliedern am besten und wirkungsvollsten zusammen. Bei zu kleinen Teams können Einschätzungen von sehr dominanten Personen stark durchschlagen, und das Korrektiv der Gruppendiskussion kann in diesem Fall nicht genügend wirksam werden. Zu große Teams können bei Gesprächen und Besuchen einschüchternd und erdrückend wirken. Ist das Team sehr groß und zu uneinheitlich zusammengesetzt, dann besteht die Gefahr, daß die Ergebnisse nach dem Prinzip des „kleinsten gemeinsamen Nenners" formuliert werden und somit wenig aussagekräftig sind.

Prinzip des „kleinsten gemeinsamen Nenners" bei großen Teams

Grundsätzlich sollte das Team während der gesamten Evaluierung zusammenbleiben, um die gleiche Erfahrungsbasis und einen durchgehenden Austausch herzustellen. Personen, die dafür nicht genug Zeit haben, sollten nicht als Teammitglieder mitwirken, sondern gegebenenfalls die Funktion von „resource persons" übernehmen. Bei einer sehr umfassenden Aufgabenstellung und einem sehr großen Team kann es sinnvoll sein, in Teilteams mit eigenen Fragestellungen zu arbeiten.

Bildung von Teilteams

Treffen zu Abstimmungsgesprächen

In diesem Fall muß unbedingt genügend Zeit für Koordinierungs- und Abstimmungsgespräche sowie für Informationsaustausch und Meinungsbildung vorgesehen werden, damit eine gemeinsame Basis und ein gemeinsam getragenes Gesamtergebnis erreicht werden können.

Auswahl der Teammitglieder

Bei der Auswahl der Teammitglieder sollten folgende Gesichtspunkte berücksichtigt werden:
- Kompetenz (fachlich, methodisch, sprachlich, landeskundlich, kulturell)
- Sensibilität und Kommunikationsfähigkeit
- besondere soziale Merkmale, wie Herkunft aus bestimmten Bevölkerungsruppen, Religions- oder Geschlechtszugehörigkeit.

Stellenwert von Fachwissen und Kommunikationsfähigkeit	Welcher Gesichtspunkt vorrangig ist, hängt von Evaluierungstyp und -ziel ab. Bei einer vornehmlich auf technische Fragen angelegten Evaluierung hat das spezielle Fachwissen hohe Priorität; bei einer eher auf Wirksamkeits- und Interaktionsfragen abzielenden Evaluierung spielen neben der sozialwissenschaftlichen Kompetenz Kommunikationsfähigkeit, Sensibilität und Akzeptanz durch die Partner eine wichtige Rolle.
	Ein Team aus mehreren Personen bietet die Möglichkeit, mehrere dieser verschiedenen Anforderungen zu erfüllen. Fachkräften des Landes bzw. der Region sollte der Vorzug gegeben werden.
Vor- und Nachteile des Einsatzes von externen Beratern und Gutachtern	Bei dem Begriff Evaluierer denken wir bisher häufig an Gutachter und Berater aus spezialisierten Organisationen und Gruppen (z. B. Beratungsbüros, ökumenischen Komitees) oder an freiberufliche Experten. Für sie spricht ihre Routine, Methodenkenntnis, fachliche Übersicht und Spezialkompetenz. Nachteilig hat sich aber bei ihnen oft ausgewirkt, daß sie sich zu sehr auf die Fertigstellung ihrer Berichte konzentrierten, statt sich sensibel den Belangen der Betroffenen zu widmen.
Kompetente Personen im kirchlichen Bereich	In wachsendem Maße und mit guten Erfahrungen werden daher auch im kirchlichen Bereich erfahrene, kompetente Personen aus solchen Organisationen und Arbeitsfeldern herangezogen, die mit der zu evaluierenden Situation praktisch vertraut sind. Vielfach gleicht die konkrete Arbeitserfahrung und Problemkenntnis die geringe Evaluierungserfahrung aus.
Vorurteil der „Vetternwirtschaft"	Das leicht erhobene Bedenken der „Vetternwirtschaft" bei lokalen Fachleuten („Eine Krähe hackt der anderen kein Auge aus!") hat sich nach vielen Erfahrungen als nicht haltbares Vorurteil erwiesen. Im Gegenteil, sie haben häufig größere Fähigkeiten im Erkennen und Mitteilen kritischer Sachverhalte als Fachkräfte aus den Industrieländern. Zudem verfügen sie über mehr Situationskenntnis und kulturelles Einfühlungsvermögen.
Teilnahme der Hilfswerke	Grundsätzlich sollten Vertreterinnen und Vertreter der Hilfswerke an gemeinsamen Evaluierungen teilnehmen. Sie können dabei wichtige Erkenntnisse für ihre Arbeit gewinnen.

Es ist wichtig, daß im Rahmen von Evaluierungen bei der Befragung von Basisgruppen ein Vertrauensverhältnis gebildet wird. Neben der fachlichen Kompetenz spielen hier auch emotionale Faktoren eine Rolle. Aus diesem Grunde haben Evaluiererinnen z. B. bei Frauengruppen oft den besseren Zugang.
(Frauenversammlung in Haiti)

Stärkere Einbeziehung von Frauen

Für den Fall, daß der Partner eine Beteiligung des Hilfswerkes nicht wünscht, sollte diese Entscheidung respektiert werden. Vorausgehen sollte in diesem Konfliktfall jedoch ein intensiver Dialog mit dem Partner.

Frauen sind bisher an Evaluierungsteams wenig beteiligt worden, und häufig war ihre Mitwirkung auf spezifische Frauen- oder Sozialaspekte bezogen. Auf ihre Mitwirkung in Evaluierungsteams ist vorrangig zu achten. Anzustreben ist, daß die Hälfte des Teams aus Frauen besteht und ihre Mitarbeit sich nicht auf geschlechtsspezifische Fragestellungen beschränkt. Auch das Alter kann, je nach der vorherrschenden Struktur und den Besonderheiten der Bevölkerung (z. B. kulturelle Tabus), bei der Auswahl der Teammitglieder eine Rolle spielen. Dies gilt für Männer wie Frauen.

3.4.2 Arbeitsteilung im Team

Gruppenprozeß

Evaluierungen beziehen ihre Stärke u. a. aus der Dynamik, die Arbeiten in einer Gruppe auszeichnen, und der Tatsache, daß verschiedene Personen aus der gleichen Information unterschiedliche Schlüsse und Anregungen entwickeln. Insofern sind der Arbeitsteilung und der Bildung von Teilgruppen mit unterschiedlichem Auftrag enge Grenzen gesetzt.

Aufgabenteilung

Dennoch empfiehlt es sich wegen der unterschiedlichen Sachkompetenz der Teammitglieder und der Zeitknappheit, eine gewisse Aufgabenteilung vorzunehmen. Sie darf aber die Präsenz aller bei wichtigen Gesprächen und Besuchen sowie bei Auswertungsdiskussionen in den verschiedenen Stadien nicht aufheben.

Teamleitung

Wenn das Team zusammentritt, sollte es intern die Übernahme der jeweiligen Aufgaben festlegen, z. B. für Gesprächseinführung, Diskussionsleitung, Einberufung gemeinsamer Sitzungen. Bei großen Teams (fünf und mehr Personen) ist die Festlegung einer Teamleitung sinnvoll.

Beteiligung der Teammitglieder an der Berichterstattung

Eine Aufgabenfestlegung in der Gruppe ist in jedem Fall notwendig, um zu verhindern, daß einzelne Personen einen beherrschenden Einfluß geltend machen. Die Bestellung eines „Sekretärs" ist nicht zu empfehlen, denn jedes Teammitglied sollte sich durchgehend eigene Notizen machen und diese dann auswerten.

Delegation von Verantwortlichkeiten

Bei Besuchen, Gesprächen u.ä. empfiehlt es sich, daß ein Teammitglied eine Einführung in die Problematik gibt sowie die Gesprächsführung und Diskussionsleitung übernimmt.

Konsensprinzip

Grundprinzip für die Entscheidungsfindung bei Analyse, Schlußfolgerung und Empfehlungen ist der Konsens. Kann kein Konsens erreicht werden, sind die abweichenden Meinungen zu dokumentieren. Für die Arbeitsteilung beim Schreiben des Berichtes (End- und ggf. Zwischenberichte) gibt es verschiedene Vorgehensweisen, die situationsbezogen auszuwählen sind:

Abfassung des Evaluierungsberichtes

a) Im Lauf der Evaluierung wählen die einzelnen Teammitglieder bestimmte Aufgabenstellungen aus und fassen die betreffenden Ergebnisse auch schriftlich zusammen.

b) Die Berichtsinhalte werden nach intensiver Diskussion der Evaluierungserkenntnisse, Schlußfolgerungen und Empfehlungen festgelegt und einzelnen Teammitgliedern zur Formulierung überantwortet.

Benennung mehrerer Berichterstatter

Es ist nicht empfehlenswert, nur einen Berichterstatter zu bestimmen, da diese Person erfahrungsgemäß überfordert wäre, alle Sichtweisen, Einschätzungen und Erfahrungen aus der Gruppe wiederzugeben. Zudem widerspräche dieses Vorgehen dem Prinzip einer gemeinsamen Verantwortlichkeit. Häufig entstehen hieraus auch langwierige Abstimmungsprozesse. Umgekehrt verbietet sich ein durchgehend gemeinsames Formulieren aus arbeitsökonomischen Gründen.

Gemeinsame Verantwortung

3.4.3 Vorbereitung der Evaluierung durch das Evaluierungsteam

3.4.3.1 Auswertung vorhandener Materialien und Dokumente

Gründliche Vorbereitung

Jedes Mitglied des Evaluierungsteams sollte sich gründlich auf die Evaluierung und auf seine spezifische Funktion darin vorbereiten. Dies gilt besonders für die nicht projektkundigen Teammitglieder.

Die inhaltliche Vorbereitung der Teammitglieder bezieht sich auf:

Projekt
– **das Projekt:** Projektziel, Merkmale der Zielgruppe, Arten der Maßnahmen und Stand des Projektverlaufes;

Projektträger
– **den Projektträger** und die Verantwortlichen im Projekt, die Organisations- und Entscheidungsstruktur, interne Rahmenbedingungen etc.;

Externe Rahmenbedingungen
– **die externen Rahmenbedingungen:** politische, soziale und wirtschaftliche Ausgangslage, naturgegebene Bedingungen (etwa bei Bodennutzungssystemen), Agrarverfassung, Beschäftigungsmöglichkeiten etc.;

Projektinhalt
– **den Projektinhalt:** Einarbeitung in neue Sachgebiete, spezifische Problembereiche sowie die bisherigen Erfahrungen mit Evaluierungen (methodisches Vorgehen, typische Durchführungsschwierigkeiten).

Quellen der Vorbereitung
Die wichtigste Quelle für die inhaltliche Vorbereitung sind Projektunterlagen, wie Antrag, Bewilligungsvorlage, Projekt- und Reiseberichte, Abrechnungen etc. Ihnen können eine Menge von Informationen über Projekt, Projektträger, Rahmenbedingungen und Projektmaßnahmen entnommen werden.

Länderkundliche Informationen
Informationen über länderkundliche Fragen oder über die politische Situation eines Landes bieten auch die Länder- und Pressemappen der Deutschen Stiftung für Internationale Entwicklung (DSE) sowie das Deutsche Überseeinstitut in Hamburg (zentrale DÜI-Dokumentation) mit seinen Verbundinstituten:
- Institut für Afrikakunde
- Institut für Asienkunde
- Institut für Iberoamerikakunde
- Deutsches Orient-Institut.

In manchen Fällen können Informationen dieser Art auch von den Auslandsvertretungen des betreffenden Landes eingeholt werden.

Informationen von den Partnerorganisationen
In dieser Vorbereitungsphase sollten auch bei der Partnerorganisation umfassende Informationen abgefragt werden. Dies ist vor allem dann erforderlich, wenn keine aktuellen Berichte vorliegen, die ausreichend Auskunft über den Stand des Projektes, eventuelle Konfliktsituationen und das Projektumfeld (Rahmenbedingun-

gen) geben können. Generell ist es wünschenswert, daß Partnerorganisationen vor Beginn der Evaluierung in erhöhtem Umfang Voruntersuchungen bzw. Datenerhebungen durchführen. Damit können bevorzugt auch lokale Universitäten oder Fachleute beauftragt werden. Eine gute Datengrundlage entlastet nicht nur das Evaluierungsteam, sondern bietet in vielen Fällen erst die Voraussetzung zur Anwendung anspruchsvoller Methoden, die sonst aus Zeitknappheit kaum angewendet werden können.

Austausch der Informationen unter den Teammitgliedern

Auch wenn die inhaltliche Vorbereitung arbeitsteilig erfolgen kann, ist es wichtig, daß alle Mitglieder des Evaluierungsteams vor Beginn der Evaluierung über alle relevanten Daten in gleicher Weise informiert sind. Dies bedeutet, daß die vorhandenen Informationen und Daten unter den Mitgliedern des Evaluierungsteams ausgetauscht werden. Um eine möglichst sorgfältige Vorbereitung zu gewährleisten, sollte die inhaltliche Vorbereitung frühzeitig beginnen.

3.4.3.2 Erstellung eines Arbeitsplanes

Operationalisierung der Fragestellung

Der Arbeitsplan überträgt den vorgegebenen Referenzrahmen in operationale Fragestellungen hinsichtlich:
- der Projektziele
- der Maßnahmen, die im Projektverlauf durchgeführt werden
- der Funktionen, die bestimmte Projektteile oder Personengruppen (z. B. ein ländliches Beratungsteam, eine Genossenschaft, ein Dorfentwicklungskomitee) wahrnehmen
- der Problembereiche, die gelöst werden sollen (z. B. Sachprobleme oder Entscheidungsstrukturen)
- der Zielgruppen.

Intensiver Austausch der Ergebnisse

Diese Fragestellungen sollten möglichst von allen Mitgliedern des Teams bearbeitet werden. Wird eine arbeitsteilige Vorgehensweise gewählt, so kann nur ein intensiver Diskussionsprozeß sicherstellen, daß alle Teammitglieder über die benötigten Informationen verfügen.

Festlegen des methodischen Vorgehens

Für jede einzelne der oben aufgeführten Fragestellungen muß ein entsprechendes methodisches Vorgehen festgelegt werden; so ist beispielsweise zu bedenken, mit welchen und wie vielen Personen in welcher Ausführlichkeit und zu welchen Fragekomplexen strukturierte Interviews oder Informationsgespräche geführt werden sollen.

Prioritätenliste Der Arbeitsplan sollte die einzelnen Fragestellungen in eine Rangordnung bringen (Prioritätenliste) und dabei die Hauptfragen in den Vordergrund rücken, damit ihnen die entsprechende Aufmerksamkeit im Rahmen der Evaluierung gewidmet wird.

KAPITEL 4
WIE WIRD EINE EVALUIERUNG DURCHGEFÜHRT?

4.1 Welche organisatorischen Aufgaben müssen erfüllt werden?

Organisations- und Koordinationsaufgaben des Teams

Die in der Durchführungsphase auftretenden Organisations- und Koordinierungsaufgaben müssen in erster Linie vom Evaluierungsteam wahrgenommen werden. Dazu zählen:

- Organisation des Informationsaustausches zwischen den Teammitgliedern;
- Optimale Nutzung vorhandener Informationsquellen;
- Bewertung des Untersuchungsaufwandes nach den Prinzipien von Angemessenheit und Priorität;
- Koordinierung und Überwachung der geplanten Arbeits- und Untersuchungsvorhaben gemäß der gewählten Methodik;
- Beschaffung von Transportmöglichkeiten, Unterkunft, Verpflegung etc.;
- Bereitstellung von Hilfsmitteln, Schreibgerät für die Zwischenauswertung;
- Organisation von Gruppeninterviews und Gesprächen (auch mit Nicht-Projektangehörigen, wie Vertretern von Behörden, Kirchen und anderen gesellschaftlichen Gruppen);
- Erstellung des organisatorischen Durchführungsplanes, der eng auf das zur Verfügung stehende Zeitbudget, die Aufenthaltsdauer der Teammitglieder und ihre Verfügbarkeit abgestimmt ist.

Es muß eindeutig geklärt werden, wer für diese Aufgaben verantwortlich ist.

4.2 Wie wird die Durchführung zeitlich geplant?

Reservetage einplanen

Es muß ausreichend Zeit für die Ausführung der einzelnen Arbeitsschritte vorgesehen werden. Zusätzlich sind Reise-, Auswertungs- und Ruhetage zu berücksichtigen. Die Erfahrung hat gezeigt, daß der geplante Zeitaufwand nur in seltenen Fällen mit der tatsächlich verfügbaren Zeit übereinstimmt. Denn häufig treten Verzögerungen aufgrund unvorhergesehener Ereignisse auf. Daher sollten Reservetage eingeplant werden, um die unvorhergesehenen Ausfälle an Arbeitszeiten ausgleichen zu können.

Kosten-Nutzen-Relation

Eine indirekte Begrenzung der Evaluierungsdauer durch die Festlegung von Kostenhöchstgrenzen sollte nur in Ausnahmefällen vorgenommen werden. In jedem Fall sollte der finanzielle Aufwand in einem vernünftigen Verhältnis zu dem erwarteten Erkenntniswert der Evaluierungsergebnisse für den Partner und auch für das Hilfswerk stehen. Das entsprechende gilt auch für den zeitlichen Aufwand.

In der Zeitplanung sollte zudem die gemeinsame Abfassung des Evaluierungsberichtes vor Ort und evtl. der Zeitbedarf für eine spätere Endredaktion berücksichtigt werden.

4.3 Merksätze zur Durchführung der Evaluierung

Zielsetzung der Evaluierung

Hilfsmittel Durchführungsplan

1. Jedes Mitglied des Evaluierungsteams sollte die Zielsetzung der Evaluierung ständig vor Augen haben: das Beschreiben, Analysieren und Bewerten von Aktivitäten, Prozessen und Entscheidungsstrukturen in einem Projekt sowie Veränderungen in der Einstellung und im Verhalten der betroffenen Menschen unter Berücksichtigung der Rahmenbedingungen des Projektes. Dies setzt systematisches Vorgehen, sorgfältiges Beobachten und Analysieren und eindeutiges Bewerten voraus. Der

Gesicherte methodische Verfahren sind auch für die Evaluierung kirchlicher Entwicklungsarbeit unverzichtbar. Sie müssen aber dem besonderen Verständnis der Kirchen von Partnerschaft und umfassender menschlicher Entfaltung gerecht werden. Daher kommt gemeinsamen Wirkungsbeobachtungen, bei denen die Partner mit ihrer Sachkenntnis, Sensibilität und Nähe zu den betroffenen Menschen voll einbezogen sind, großes Gewicht zu.
(Schreinerausbildung in Simbabwe)

Durchführungsplan ist dabei ein wichtiges Hilfsmittel. Beobachten, Analysieren und Bewerten beruhen auf den der Evaluierung zu Grunde liegenden Methoden. Das Evaluierungsteam sollte auf die notwendige Transparenz dieser Methoden für alle Beteiligten achten.

Flexibles Vorgehen

2. Unvorhergesehene Ereignisse können die Änderung der Durchführungsplanung erfordern, um etwaige Unausgewogenheiten der Untersuchungsfelder auszugleichen. Diese Änderungen sollten von den Teammitgliedern akzeptiert werden.

Kollegiale Zusammenarbeit

3. Eine Grundvoraussetzung für den Erfolg einer Evaluierung ist die kooperative und kollegiale Zusammenarbeit der Teammitglieder.

4. Von besonderer Bedeutung ist das Verhalten der Evaluierer gegenüber der Zielgruppe und denjenigen, die direkt mit diesen Menschen zusammenarbeiten. Ihnen

Handlungsmaxime: „Die Würde des Menschen ist unantastbar!"

sollte der notwendige Respekt entgegengebracht werden. Denn auch hier gilt: Die Würde des Menschen ist unantastbar! Dies muß sowohl bei Art und Inhalt der Befragung oder des Dialoges als auch bei sonstigen Anlässen der Begegnung (Begrüßung, Essen, Photographieren) zum Ausdruck kommen.

4.4 Der Evaluierungsbericht

Enger Bezug zum Referenzrahmen

Der Evaluierungsbericht dient den Partnern als unmittelbares Arbeits- und Entscheidungsinstrument und sollte daher auch nur die dafür notwendigen Informationen enthalten. Er muß sich eng auf den Referenzrahmen beziehen, die darin festgelegten Fragestellungen anhand der Evaluierungsergebnisse erörtern und schließlich klare und eindeutige Bewertungen, Schlußfolgerungen und Empfehlungen abgeben.

Der Evaluierungsbericht sollte (wie in Kap. 3.2 unter dem Stichwort „Methodentransparenz" ausgeführt ist) Angaben zu den für die Klärung der jeweiligen Fragestellung verwandten (Untersuchungs-)Methoden enthalten.

Zusatzinformationen im Anhang darstellen	Allgemeine Informationen zu politischen oder landeskundlichen Aspekten sowie über das Projektumfeld sollten – ebenso wie ausgewertete Dokumente oder Berichte Dritter – im Text nur insoweit erwähnt werden, wie sie zur Erläuterung der Arbeitsbedingungen im Projekt wichtig oder als wesentliche Einflußfaktoren anzusehen sind. Die eigentlichen Ausführungen dazu sollten als Anlage beigefügt werden.
Gemeinsame Abfassung des Evaluierungsberichtes im Team vor Ort	Der Evaluierungsbericht sollte möglichst unmittelbar im Anschluß an den Feldaufenthalt von den Evaluierern gemeinsam verfaßt und dem Partner zur Verfügung gestellt werden. Das bedeutet, daß der Evaluierungsbericht grundsätzlich vor Ort erstellt werden sollte. Ist dies nicht möglich (in den meisten Fällen aus Zeitgründen), dann müssen zumindest die wichtigsten Ergebnisse der Untersuchung und deren Bewertung – wenn auch nur in vorläufiger Form – sowohl unter den Teammitgliedern als auch mit den Projektverantwortlichen diskutiert und dokumentiert werden.
Erste Reaktionen des Projektpartners	Dies ist aus Gründen der Fairneß dringend geboten, um dem Projektpartner die Möglichkeit zu einer ersten Stellungnahme zu geben und möglicherweise Mißverständnisse ausräumen zu können.
	Obwohl nach Abschluß des Feldaufenthaltes die Evaluierungsergebnisse in vielen Fällen bereits vorliegen, wird für die Fertigstellung des schriftlichen Berichtes noch einige Zeit benötigt. Ein nachträglicher Abstimmungsbedarf und komplizierte Kommunikationswege (insbesondere wenn die Teammitglieder aus verschiedenen Ländern kommen) führen häufig dazu, daß sich die Erstellung des Endberichtes hinauszögert. Dies geht zu
Formulierung von Teilergebnissen	Lasten seiner Aktualität. Auf jeden Fall muß sichergestellt sein, daß bei akutem Entscheidungsbedarf wenigstens umgehend Teilergebnisse vorgelegt werden, damit die Umsetzung der wichtigsten Schlußfolgerungen und Empfehlungen so früh wie möglich vorgenommen werden kann.
Abfassung in der Landessprache	Der Evaluierungsbericht sollte möglichst in der Landessprache verfaßt werden, damit der Partner und die Projektmitarbeiter ihn lesen und umsetzen können.

Gliederungs-   Für die Abfassung des Evaluierungsberichtes emp-
prinzip   fiehlt sich das folgende Gliederungsprinzip:
1. Empfehlungen (recommendations)
2. Schlußfolgerungen (conclusions)
3. Feststellungen (findings)
4. Beobachtungen (observations).

Kurze   Ferner sollte jeder Evaluierungsbericht zur besseren Übersicht und leichteren Handhabung eine kurze Zu-
Zusammenfassung sammenfassung der wichtigsten Ergebnisse der Evaluierung, der Schlußfolgerungen und Empfehlungen sowie der angewandten Methoden enthalten. Umfangreiches Datenmaterial sollte entweder im Anhang oder in einem separaten Berichtsband aufgeführt werden.

4.5 Kosten und Finanzierung

Kostenpositionen   Die Kosten der Evaluierung müssen in angemessenem Verhältnis zum erwarteten Ergebnis stehen. Folgende Hauptpositionen sind im Kostenplan zu berücksichtigen:

Honorare in angemessener Höhe:
Honorare sind grundsätzlich frei auszuhandeln. Als Richtgröße für ein angemessenes Honorar kann das ge-
Unterschiedliche   schätzte Monatseinkommen in einer vergleichbaren be-
Honorarsätze   ruflichen Position des öffentlichen Dienstes im Wohngebiet des Evaluierers gelten. Freiberuflich Tätige können höhere Sätze beanspruchen als beispielsweise Experten in fester Anstellung. Mitarbeiter der Partnerorganisationen und der Hilfswerke erhalten in der Regel kein Honorar. Das Honorar wird in Tagessätzen oder als Pauschale vereinbart.

Reisekosten:
An- und Abreisen zum Evaluierungsort sowie Reisen im Evaluierungsgebiet; Tage- und Übernachtungsgelder, ggf. unter Berücksichtigung der von Dritten gewährten Leistungen; in verschiedenen Ländern ist es üblich, die

Tage- und Übernachtungsgelder in die Pauschalhonorare einzubeziehen.

Sonstige Sachkosten:
Kosten und Gebühren für Schreibarbeiten, Vervielfältigungen, zusätzliche Dienstleistungen, Reise- und Unfallversicherung etc.; dagegen werden allgemeine Verwaltungskosten und sonstige Personalkosten der Partnerorganisationen normalerweise nicht berücksichtigt.

Reserve:
Der Kostenplan muß so flexibel gestaltet sein, daß kurzfristig auftretende Änderungen berücksichtigt werden können. Zudem sollte die Finanzierung von Evaluierungen schon einige Zeit vor dem Evaluierungsbeginn gesichert sein. Andererseits lassen sich die Kosten erst genauer planen, wenn Personen, Ablauf und Organisation feststehen. Insofern ist flexiblen Finanzierungsmöglichkeiten der Vorrang zu geben.

Bereitstellung der Finanzierung

Bei AGKED und Misereor bestehen grundsätzlich folgende Finanzierungsmöglichkeiten:

1. Aus der laufenden Projektförderung:
Wenn in der Projektbewilligung bereits eine Evaluierung vorgesehen ist – als Einzelfall, routinemäßig („built in evaluation") oder unter der offeneren Kostenposition „externe Beratung" – kann der Projektträger die Kosten hieraus finanzieren. Dies eignet sich in erster Linie für Eigen- und Selbstevaluierungen.

2. Als gesondertes Projekt aus Mitteln des Hilfswerkes bzw. kirchlichen Mitteln:
Diese Finanzierung ist heute noch der Normalfall im AGKED-Bereich; sie wird beim Kirchlichen Entwicklungsdienst (KED) und bei Brot für die Welt (BfdW) meist im Rahmen der Kleinprojektregeln gesondert beantragt.

3. Aus Mitteln eines Evaluierungsfonds:
Misereor/Katholische Zentralstelle für Entwicklungshilfe (KZE) und Evangelische Zentralstelle für Entwicklungshilfe (EZE) verfügen über eigene Evaluierungsfonds, aus denen Evaluierungen finanziert werden können. Ihre flexible und unkomplizierte Nutzung hat sich bewährt.

Eigenmittel der Partner

Für gemeinsame Evaluierungen und insbesondere für Eigenevaluierungen sollte die Partnerorganisation wegen des speziellen Eigeninteresses soweit möglich auch eigene Mittel bereitstellen. Diese können auch aus nichtmonetären Leistungen bestehen. Eine solche Beteiligung muß rechtzeitig abgesprochen und festgelegt werden, damit sie für alle Seiten planbar wird.

Kostenverteilung bei Kofinanzierungen

Bei Kofinanzierungen von Projekten und Programmen durch verschiedene Hilfswerke ist zu prüfen, ob die Finanzierung einer Evaluierung entsprechend aufgeteilt werden kann oder soll. Dies schließt auch die inhaltliche Abstimmung der Evaluierung und die Festlegung der Verantwortlichkeiten ein.

KAPITEL 5
WELCHE GRUNDSÄTZE SOLLEN BEI DER AUSWERTUNG UND UMSETZUNG VON EVALUIERUNGSERGEBNISSEN BEACHTET WERDEN?

5.1 Welche Ziele sollte das Auswertungsgespräch verfolgen?

Umsetzung der Empfehlungen als wichtigster Bestandteil der Evaluierung

Die Evaluierung ist mit der Fertigstellung des Evaluierungsberichtes nicht abgeschlossen. Mit der Vorlage des Endberichtes beginnt der wichtigste Teil, der Umsetzungsprozeß, der oft eine längere Zeitdauer umfaßt. In der Umsetzungsphase sind Fehler, die bei der Planung, Vorbereitung und Durchführung gemacht wurden, häufig nicht wettzumachen.

Grundvoraussetzung für die Auswertung der Evaluierungsergebnisse ist, daß beide Partner sich intensiv mit dem Evaluierungsbericht befaßt und notwendige Erläuterungen dazu erhalten haben.

Ausführliche Diskussion der Ergebnisse

Die wichtigsten Ergebnisse sollten in den zuständigen Gremien der Hilfswerke und der Partnerorganisationen ausführlich diskutiert werden, um dann entsprechende Schlußfolgerungen zu ziehen.

Die Einzelheiten sollten mit den Personen besprochen werden, die Verantwortung für die Durch- und Fortführung des Projektes tragen. Dabei geht es insbesondere um folgende Punkte: kritische Bewertung des Projektverlaufes; notwendige Verhandlungen über Korrekturen und Modifikationen; Verbesserungen der Methodik, des Mitteleinsatzes, der Effizienz; Fragen bezüglich der Verwaltung, des Managements, der Entscheidungsabläufe, der Partizipation der Zielgruppe etc.

Die Erörterung dieser Fragen muß sowohl vom Projektträger als auch auf seiten des Hilfswerkes sorgfältig vorbereitet werden. Über die Erörterung der Evaluierungsergebnisse auf den verschiedenen Ebenen sollten (Ergebnis-)Protokolle angefertigt werden.

5.2 Welche Faktoren erschweren die Umsetzung von Evaluierungsergebnissen?

Praxisferne Empfehlungen
– Ein Hauptdefizit ist darin zu sehen, daß viele Evaluierungsberichte zu wenig auf die praktischen Erfordernisse und auf konkrete Verbesserungsschritte eingehen und zu wenig auf notwendige Folgeprozesse ausgerichtet sind.

Mangelnde Verbindlichkeit
– Häufig werden keine verbindlichen Absprachen darüber getroffen, welche Empfehlungen in welcher Zeit umgesetzt werden sollen und welche Aufgabe den einzelnen Partnern dabei zufällt.

Fehlende Partizipation

Zusätzlicher Arbeitsaufwand
– Bei fehlender oder unzureichender Partizipation der Partnerorganisationen und der zuständigen Mitarbeiter in den Hilfswerken ist die Bereitschaft zur Umsetzung von Evaluierungsergebnissen oft gering, zumal dies häufig als Mehrarbeit bzw. Komplizierung der eingefahrenen Arbeitsabläufe aufgefaßt wird.

Fehlende Verknüpfung
– Auch werden Evaluierungsergebnisse und die Erkenntnisse daraus zu wenig systematisch genutzt bei der Planung von Folgeprojekten oder ähnlichen, in bestimmten Aspekten vergleichbaren Projekten und Programmen.

Mangelnde systematische Auswertung
– Eine systematische Auswertung mehrerer Evaluierungen von Projekten oder Programmen, die einem bestimmten Typ entsprechen, kann im Rahmen von Querschnittsanalysen vorgenommen werden. Dies ist allerdings bisher nur in wenigen Fällen erfolgt. Eine Begrenzung ist sicherlich in der mangelnden Vergleichbarkeit der bisher erstellten Evaluierungsstudien zu sehen.

Nach dem Verständnis der kirchlichen Hilfswerke tragen die Partner die Verantwortung für Planung und Durchführung der Projekte. Daher ist ihre Autonomie auch in der laufenden Projektbegleitung prinzipiell zu respektieren. Wenn Partner selbst hierfür angemessene Verfahren entwickeln und sie routinemäßig anwenden, dürften Evaluierungen kaum zu Belastungsproben für die partnerschaftlichen Beziehungen werden.
(Weizenernte in Punjab, Indien)

5.3 Weshalb sind Follow-up-Prozesse in der Evaluierungspraxis unverzichtbar?

Stärkere Aufmerksamkeit für Follow-up-Planungen

Die oben erwähnten Hauptprobleme bei der Auswertung und Umsetzung von Evaluierungsergebnissen und Empfehlungen zeigen, wie wichtig es ist, daß dem Follow-up die notwendige Aufmerksamkeit geschenkt wird. Andernfalls besteht die Gefahr, daß die gewonnenen Erkenntnisse nicht genutzt und die erarbeiteten Empfehlungen nicht umgesetzt werden. Damit würde dann der Sinn einer Evaluierung insgesamt in Frage gestellt (Kosten-Nutzen-Verhältnis, fehlende Relevanz für die Praxis).

Erstellung eines Umsetzungsplanes

Benennung der Verantwortlichkeiten

Die Aussagen zum Follow-up bilden den abschließenden Teil der Empfehlungen. Im Anschluß an die Evaluierung sollte von den beteiligten Organisationen ein detaillierter Plan zur Umsetzung der Empfehlungen erarbeitet werden. Dabei ist es wichtig, genau festzuhalten, wer welche Aufgaben übernimmt. Voraussetzung dafür ist, daß die beteiligten Organisationen über Inhalte, Methode und Zeitrahmen Einvernehmen erzielen.

Einrichtung einer Arbeitsgruppe

Liegen zahlreiche Empfehlungen vor oder sind verschiedene Arbeitsbereiche der Partnerorganisation in die Evaluierung einbezogen, ist es ratsam, vor Ort eine Follow-up-Arbeitsgruppe einzurichten.

Eigenes, neues Projekt

Bei größeren Vorhaben und umfangreichen Aktivitäten kann es zweckmäßig sein, den gesamten Umsetzungsplan als ein Projekt zu behandeln. Dieses Projekt sollte u. a. Fachberatungen oder Durchführbarkeitsstudien für Teilbereiche vorsehen.

Notwendige Berücksichtigung der Empfehlungen bei Weiterförderung

Bei Weiterförderungsanträgen ist darauf zu achten, daß die Erkenntnisse der Evaluierung angemessen berücksichtigt werden. Gegebenenfalls sollten noch nicht durchgeführte Maßnahmen in die neuen Bewilligungsbedingungen einbezogen werden.

5.4 Wie kann sichergestellt werden, daß die Auswertungsergebnisse in der Praxis berücksichtigt werden?

Fixierung der Dialogergebnisse in einem „agreement" oder Protokoll

Die Ergebnisse des Dialoges mit den Partnern über die Schlußfolgerungen und die Empfehlungen des Evaluierungsberichtes sollten als inhaltliche und zeitliche Absichtserklärung schriftlich fixiert und als „Vereinbarung" die Basis für die zukünftige Zusammenarbeit bilden. In der Praxis hat sich die Erstellung von gemeinsamen Protokollen über Auswertungsgespräche mit Partnerorganisationen als zweckmäßig herausgestellt. Auch werden die Partner – oft vor dem Auswertungsgespräch – um eine schriftliche Stellungnahme zu den Evaluierungsergebnissen gebeten. Das Hilfswerk sollte ebenfalls zu einer solchen Stellungnahme bereit sein. Wird beabsichtigt, wesentliche Empfehlungen einer Evaluierung nicht umzusetzen, bedarf dies einer Begründung.

5.5 Welchen Beitrag können Evaluierungen zur konzeptionellen Weiterentwicklung und zur Bewertung der Erfolgsbedingungen eingesetzter Instrumente leisten?

Querschnitts-analysen

Die Evaluierungsergebnisse mehrerer Projekte können ferner einen wichtigen Beitrag für die Erörterung von Grundsatzfragen und die Überprüfung der Förderungspolitik der Hilfswerke leisten. Dafür ist es jedoch erforderlich, sie mit Hilfe von Querschnittsanalysen auszuwerten.

Beitrag für die Konzeptionsarbeit

Zusätzlich geben sie Auskunft über die Erfolgsbedingungen von Strategien, angewandten Maßnahmen und eingesetzten Instrumenten der Entwicklungsförderung. Auch wenn sich Evaluierungen immer auf ein bestimmtes Projekt oder Programm beziehen müssen, können sie somit einen Beitrag für die gesamte Arbeit einer Partnerorganisation oder eines Hilfswerkes leisten. Denn mit Hilfe dieser Informationen können bei der Diskussion der Wirksamkeit von Entwicklungskonzepten die Erfahrungen aus verschiedenen Projekten und Programmen eingebracht werden.

5.6 Welche Funktion können Evaluierungsberichte im Rahmen der Fortbildung haben?

Grundlage für Fortbildungsveranstaltungen

Nicht zuletzt dienen Evaluierungsberichte den Mitarbeiterinnen und Mitarbeitern der Hilfswerke als Fallstudien, mit deren Hilfe sie ihr Wissen und ihre Argumentationsbasis im Dialog mit den Partnern (etwa bei vergleichbaren Fragestellungen) verbreitern. Die Ergebnisse einzelner Evaluierungen bilden auch (z. B. in Fortbildungsveranstaltungen) eine gute Grundlage für Policy-Diskussionen.

5.7 Welche Grundsätze sollten bei der Weitergabe und Veröffentlichung von Evaluierungsstudien beachtet werden?

Restriktive und vertrauliche Weitergabe von Evaluierungsberichten

Wer die Ergebnisse der Evaluierung und die Empfehlungen des Evaluierungsberichtes verstehen will, muß die Gesamtproblematik kennen, in der das Projekt bzw. Programm eingebunden ist. Dies trifft zwar für das Hilfswerk und den Projektträger, in der Regel aber nicht für Außenstehende zu. Um Mißverständnisse, falsche Interpretationen und auch eine mißbräuchliche Verwendung von Informationen zu vermeiden, sollen Evaluierungsberichte in der Originalfassung generell nicht an Dritte weitergegeben werden.

Diese restriktive Praxis hinsichtlich der Weitergabe von Evaluierungsberichten gründet sich ferner darauf, daß die Entscheidung, eine Evaluierung durchzuführen, auf der Grundlage eines besonderen Vertrauensverhältnisses zwischen beiden Partnern zustandegekommen ist. Es sollte daher selbstverständlich sein, daß der Evaluierungsbericht entsprechend vertraulich behandelt und Außenstehenden grundsätzlich nicht zugänglich gemacht wird.

Veröffentlichung von Evaluierungsergebnissen für die interessierte Öffentlichkeit

Es ist jedoch wünschenswert, daß künftig Ergebnisse von Evaluierungen – insbesondere Erfahrungen mit bestimmten konzeptionellen Ansätzen sowie allgemeinen Umsetzungsproblemen – der entwicklungspolitisch interessierten Öffentlichkeit in stärkerem Maße zugänglich gemacht werden. Handelt es sich dabei um Evaluierungen einzelner Projekte oder Programme, so ist vor einer entsprechenden Veröffentlichung unbedingt die Zustimmung der jeweiligen Partnerorganisationen einzuholen. Auch sollten in der publizierten Fassung keine vertraulichen organisations- oder personenbezogenen Informationen enthalten sein.

Zustimmung der Partnerorganisationen

Dokumentation zur Legitimation der Verwendung der Geldmittel

Um die entwicklungspolitische Diskussion sowie die Öffentlichkeitsarbeit der Hilfswerke weiter zu qualifizieren, sollten Zusammenfassungen von Evaluierungsberichten und Querschnittsanalysen häufiger erstellt und veröffentlicht werden. Dies sollte insbesondere geschehen, um dem wachsenden Legitimationsdruck in der Öffentlichkeit mit Hilfe der Dokumentation einer nachhaltig wirksamen Projekt- und Programmarbeit, die mit Steuer- und Spendengeldern gefördert wird, zu begegnen.

BIBLIOGRAPHIE

1. Kernbibliographie

BHASIN, K.:
India: Are we on the right track? Secundarabad Workshop on Participatory Self-evaluation. In: Ideas of Action 1985/1 and 1985/2.

Wichtige Einführung in die indischen Evaluierungsansätze. Leider ist offensichtlich der geplante 3. Teil, der eine abschließende Behandlung hätte vornehmen sollen, nie erschienen.

BURSTEIN, L./ FREEMAN, H.E./ ROSSI, P. H. (Hrsg.): Collecting Evaluation Data. Problems and Solutions. Beverly Hills etc.: 1985.

Hierbei handelt es sich um eine Publikation, die methodische Probleme bei Evaluierungsstudien skizziert. Sie konzentriert sich indes auf Beispiele aus Nordamerika und richtet sich in erster Linie an „Insider". Somit ist das Buch weniger für diejenigen geeignet, die erste Kontakte mit diesem Bereich machen.

CRONBACH, L.J.: Designing Evaluations of Educational and Social Programs. London/San Francisco: Jossey-Bass 1989.

Der Autor reflektiert Evaluierungsansätze vor dem Hintergrund von 40jährigen Erfahrungen und der Feststellung, daß sich Evaluierungsansätze von einer ursprünglich streng wissenschaftlichen Ausrichtung stärker zu informellen und impressionistischen Studien entwickelt haben. Das Buch enthält Richtlinien für die Planung und Begleitung von Evaluierungen, insbesondere für Erziehungs- und Sozialprogramme. Besonders interessant sind die Erörterungen der Vor- und Nachteile verschiedener Evaluierungstechniken und -ansätze. Das Buch wendet sich sowohl an Evaluierer als auch an diejenigen, die Evaluierungen planen, und will dazu beitragen, die Stärken und Schwächen einzelner Methoden besser zu erkennen.

FEUERSTEIN, M.T.: Partners in Evaluation. Evaluating Development Programmes with Participants. London: Macmillan 1986.

Eines der besten Bücher zur Thematik partizipatorischer Evaluierungen. Allerdings bezieht die Autorin ihre Beispiele ausschließlich aus dem Bereich der medizinischen (Basis-) Versorgung.

FRIEDRICHS, J.: Methoden empirischer Sozialforschung. Opladen: Westdeutscher Verlag 1980.

Dieses Buch ist eine klassische Einführung in Methodologie, Methoden und Praxis der empirischen Sozialforschung. Die Methoden werden ausführlich dargestellt und an zahlreichen Beispielen aus der Forschung erläutert. Besonders interessant für Evaluierungen sind auch die Ausführungen zu Meßinstrumenten und -problemen. Keine Methode ist demnach universell anwendbar. Das Urteil über die Angemessenheit einer Methode kann nur auf der Vertrautheit mit den Möglichkeiten und Nachteilen aller einzelnen Methoden beruhen.

HANDY, C.: Understanding Voluntary Organizations. London: Pelican 1988.

Das handliche Taschenbuch befaßt sich unter Verwendung verschiedener organisationssoziologischer Konzepte mit der Funktionsweise und Analyse von Freiwilligenorganisationen. Für Evaluierungen insofern nützlich, als Kategorien für das Verhalten von Individuen und Gruppen innerhalb von Organisationen abgeleitet werden können.

HELLSTERN, G.-M./ WOLLMANN, H.: Handbuch zur Evaluierungsforschung. Bd. 1. Opladen: Westdeutscher Verlag 1984.

Das Handbuch zur Evaluierungsforschung wendet sich vor allem an diejenigen, die sich mit Fragen der Entwicklung und Nutzung von Evaluierung und Evaluierungsforschung professionell befassen. Darüber hinaus soll es alle, die häufig, wenn auch nur indirekt, von Evaluierungen betroffen sind, mit Aufgaben und Methoden der Evaluierungsforschung vertraut machen, nicht zuletzt, um sie auch handlungsfähiger und bewußter in der Einschätzung der unterschiedlichen Möglichkeiten und Grenzen einer Evaluierung zu machen. Thematisch konzentriert sich das Handbuch auf die Evaluierungsforschung

KHON KAEN UNIVERSITY (Hrsg.):
Proceedings on the 1985 International Conference on Rapid Rural Appraisal. Khon Kaen/Thailand: Siriphan Press 1987.

Hierbei handelt es sich um einen umfangreichen Bericht einer internationalen Konferenz in Thailand. In diesem Tagungsbericht sind die Konzepte, Methoden und Anwendungsbereiche des Rapid Rural Appraisal behandelt. Der Rapid Rural Appraisal ist eine relativ neue Methode, welche in kurzer Zeit Lernprozesse über die Lebensbedingungen in ländlichen Gebieten ermöglicht.

KROMREY, H.:
Empirische Sozialforschung. Modelle und Methoden der Datenerhebung und Datenauswertung. Opladen: 1986 (UTB).

Diese in dritter überarbeiteter Auflage vorliegende Einführung ist praktisch orientiert; sie gliedert sich gemäß dem Ablauf eines realen Forschungsprozesses. Grundlegende wissenschaftstheoretische und methodologische Aussagen werden gemeinsam mit Problemen der Forschungspraxis abgehandelt. Es werden keine methodologischen oder mathematisch-statistischen Kenntnisse vorausgesetzt.

LEMBKE, H.H.:
Evaluating Development Assistance Projects. Changing Approaches and the Conflict between Scientific and Administrative Requirements. Berlin: German Development Institute 1984.

Das nicht sehr umfangreiche Werk befaßt sich schwerpunktmäßig mit methodischen Konflikten, die im Verlauf von Evaluierungen bzw. schon in der Planungsphase zwischen wissenschaftlichen, politischen und administrativen Interessen auftreten können. Ferner wird skizziert, wie sich das Evaluierungsverständnis seit den sechziger Jahren gewandelt hat.

und -praxis in der Bundesrepublik Deutschland, ansatzweise werden Erfahrungen aus den USA erörtert.

LOVELACE/SUBHADIRA/SUCHINT u. a. (Hrsg.):
Rapid Rural Appraisal in Northeast Thailand. Case Studies. Khon Kaen/Thailand: Siriphan Press 1988.

Ergänzend zu der Veröffentlichung der Khon Kaen University handelt es sich hierbei um die zusammengefaßte Darstellung verschiedener Fallstudien der praktischen Anwendung des Rapid Rural Appraisal in ländlichen Gebieten des Nordostens von Thailand.

MARSDEN, D./ OAKLEY, P. (Hrsg.): Evaluating Social Development Projects. Oxford: Oxfam 1990.

Die Zielsetzung zahlreicher sozialer Entwicklungsprojekte impliziert die Förderung von Partizipation und Bewußtseinsbildung, die Unterstützung von Strategien, die auf Eigenständigkeit basieren, sowie die Entfaltung eigener, nachhaltiger Entwicklungsfähigkeit. Aber wie läßt sich die Umsetzung dieser Ziele messen? Worin liegt der Zweck der Evaluierung solcher Projekte? Was vermag Evaluierung und zu welchem Zeitpunkt sollte sie durchgeführt werden? Unterscheiden sich Evaluierungen solcher Projekte wesentlich von solchen, die im Rahmen konventioneller Infrastrukturprojekte vorgenommen werden? Ist es möglich, Ziele präziser festzulegen? Diese Fragen wurden auf einer internationalen Konferenz im September 1989 in Swansea diskutiert. Das vorliegende Buch setzt sich mit diesen Fragen auseinander. In ihm sind die wichtigsten Papiere und die Workshopdiskussionen der Konferenz zusammengetragen. Vier Hauptbereiche sind dadurch abgedeckt: die bei Evaluierungen zu verwendenden qualitativen Indikatoren; Methodologien für Evaluierungen im Bereich sozialer Entwicklung; Partnerschaft als Bestandteil der Evaluierung sowie Veränderungen in den Beziehungen zwischen Geldgebern und Empfängern; Rolle und Status der Evaluatoren. Misereor und AGKED waren an der Vorbereitung und Durchführung der Tagung beteiligt.

MILES, M./ HUBERMAN, A.: Qualitative Data Analysis. A Sourcebook of New Methods. London: Sage Publications 1989.

Das Buch wendet sich zwar in erster Linie an Sozialwissenschaftler, ist aber für Evaluierungen im kirchlichen Entwicklungsdienst insofern von Interesse, als versucht wird, Zusammenhänge zwischen qualitativen Merkmalen zu analysieren und zu visualisieren. Empirisches Material aus dem Bereich der Bildungsplanung dient der Darstellung von Beispielen.

OECD (Hrsg.): Evaluation in Developing Countries. A Step in a Dialogue. Paris: 1988.	Es handelt sich um eine Broschüre, die auf den Ergebnissen einer Expertengruppe und verschiedenen Seminaren zum Thema aufbaut. Sie enthält zum einen in skizzenhafter Form die Hauptprobleme, die bei Evaluierungen auftreten können, und zum anderen ein sehr gutes Glossar, das zur begrifflichen Klärung im Bereich der Evaluierungsforschung beiträgt. Die Broschüre liegt in englischer und französischer Sprache vor.
PRATT, B./ BOYDEN, J. (Hrsg.): The Field Directors' Handbook, Section 4 „Evaluation". Oxford: Oxfam Publications 1985.	Ein praktisches Handbuch, das ursprünglich für den Gebrauch der OXFAM-Repräsentanten in Ländern der Dritten Welt entwickelt wurde. In dem umfangreichen Werk ist die Evaluierungsthematik nur auf 12 Seiten umrissen. Für den Einstieg in die Evaluierungsthematik ist die prozeßhafte Darstellung durchaus geeignet. Außerdem finden sich Hinweise auf Verfahren, welche mit geringem Zeitaufwand brauchbare Ergebnisse erbringen können (Rapid Rural Appraisal).
ROSSI, P.H./ FREEMAN, H.E.: Evaluation. A Systematic Approach. Newbury Park: Sage Publications 1990.	Es handelt sich um das derzeit umfassendste Werk zur Evaluierungsforschung. Trotz bemerkenswerter Analyse und präziser Definitionen sowie kurzer Darstellungen klassischer Evaluierungsstudien ist der Zugang ohne sozialwissenschaftliche Vorkenntnisse erschwert. Die Verfasser gehen davon aus, daß die Benutzer mindestens „Undergraduate Social Research Training" haben.
ROSSI, P.H./ FREEMAN, H.E./ HOFMANN, G. (Hrsg.): Programm-Evaluation. Einführung in die Methoden angewandter Sozialforschung. Stuttgart: Enke 1988.	Der Hauptinhalt des Buches wird aus dem Untertitel deutlich. Es enthält Hinweise auf die Anwendung gängiger empirischer Verfahren im Evaluierungszusammenhang, ist jedoch keine Handreichung für die Planung und Durchführung konkreter Evaluierungsvorhaben.

SUDMAN, S.:
Asking Questions. A practical Guide to Questionnaire Design. London/San Francisco: Jossey-Bass Publishers 1987.

Es handelt sich um ein bewußt einfach gehaltenes Werk zu den Problemen der richtigen Fragestellung bei Interviews im Rahmen allgemeiner sozialwissenschaftlicher Untersuchungen. Auf schwierige statistische bzw. wahrscheinlichkeitstheoretische Erörterungen wird verzichtet. Als Hintergrundmaterial für Evaluierer mit geringem oder keinem sozialwissenschaftlichen Vorwissen sehr zu empfehlen.

VINCENT, F.:
Manual of Practical Management. For Third World rural development associations. Vol. I & II. Geneva: IRED 1990.

Diese praxisorientierte, zweibändige Einführung in Organisations- und Finanzverwaltungsprobleme sollte Pflichtlektüre für Nichtregierungsorganisationen sein. Im 1. Band sind u. a. Kapitel über Projektplanung und Evaluierung enthalten. Der 2. Band konzentriert sich auf Finanzen. Einen Schwerpunkt bilden Kredit-und Buchhaltungssysteme.

WEISS, C.:
Evaluierungsforschung. Methoden zur Einschätzung von sozialen Reformprogrammen. Opladen: Westdeutscher Verlag 1974.

Gilt in Deutschland als der Klassiker der Evaluierungsliteratur, auf dem noch heute viele Veröffentlichungen aufbauen. Die Autorin betont sehr stark den Charakter von Evaluierungen als Sonderform der empirischen Sozialforschung. Die Verwendung setzt bestimmte sozialwissenschaftliche Grundkenntnisse voraus.

WILLOT, P.:
Pédagogie de l'autoévaluation animée. Belgien: Védrin 1985 ff., 6 Hefte.

Es handelt sich um das „Standardwerk" der Methode der „moderierten Selbstevaluierung", die vor allem im frankophonen Afrika sehr verbreitet ist. Neben einer Darstellung der Methode und einer Fülle von praktischen Anleitungsblättern enthalten die Hefte auch die Darstellung einiger Fallbeispiele sowie eine umfangreiche Bibliographie.

2. Theologisch-entwicklungspolitische Grundlagendokumente

DIENSTE IN ÜBERSEE (Hrsg.):	EKD und Dritte Welt. Synode der Evangelischen Kirche in Deutschland 1986 zum Thema „Entwicklungsdienst als Herausforderung und Chance". Referate und Beschlüsse, Texte 37. Stuttgart: 1986.
RAT DER EKD (Hrsg.):	Der Entwicklungsdienst der Kirche – ein Beitrag für Frieden und Gerechtigkeit in der Welt. Eine Denkschrift der Kammer der Evangelischen Kirche in Deutschland für Kirchlichen Entwicklungsdienst. Gütersloh: Gerd Mohn 1973.
SEKRETARIAT DER DEUTSCHEN BISCHOFSKONFERENZ:	Enzyklika Sollicitudo Rei Socialis. Zwanzig Jahre nach der Enzyklika Populorum Progressio. Von Papst Johannes Paul II. Bonn: 1987.

3. Sozialwissenschaftlich-statistische Methodenbox

ARBEITSGEMEIN-SCHAFT FÜR ENTWICKLUNGSHILFE E.V. (Hrsg.):	Für eine Pädagogik der gemeinschaftlichen Selbsthilfeförderung. Köln: 1989 (dt. Übersetzung, vgl. unter GRAAP).
BLALOCK, H.:	Conceptualization and Measurement in the Social Sciences. London: Sage 1985.
CROWELY, J.:	Go to the People. An African Experience in Development Education. London: 1988.
DEUTSCHE GESELLSCHAFT FÜR TECHNISCHE ZUSAMMENARBEIT (GTZ) (Hrsg.):	ZOPP: Zielorientiertes Planen von Projekten und Programmen. (Einführung in die Grundlagen der Methode.) Eschborn: 1987
GIBBS:	Rapid Rural Appraisal. o.O. 1987.
GRAAP (Hrsg.):	Pour une pédagogie de l'autopromotion communautaire. Bobo-Dioulasso: 1985.

HOPE, A./ TIMMEL, S.:	Training for Transformation. A Handbook for Community Workers (3 Bände). Gweru: Mambo Press 1984
HUFF, D.:	How to Lie with Statistics. London: Pelican 1973.
HUNTER, J./ SCHMIDT, F.:	Methods of Meta-Analysis. Correcting Error and Bias in Research Findings. London: Sage 1990.
KAZDIN, A. E.:	Single-Case Research Designs. Methods for Clinical and Applied Settings. Oxford/New York: Oxford Univ. Press 1982.
KIDDER, L. H./ JUDD, C. M.:	Research Methods in Social Relations. Hong Kong: CBS Publishing 1987.
MORONY, M.J.:	Facts from Figures. London: Pelican 1988.
NDIONE, E.S.:	Dynamique urbaine d'une société en grappe. Dakar: 1987.
NDIONE, E.S.:	Enracinement et interactions. Dakar: o.J.
ROWNTREE, D.:	Statistics without Tears. A Primer for Nonmathematicians. London: Pelican 1981.

4. Wirtschafts- und Managementliteratur

BANNOCK, G. u. a. (Hrsg.):	Dictionary of Economics. London: Penguin 1987.
HANDY, C.:	Understanding Organizations. London: Penguin 1985.
KEMPNER, T. (Hrsg.):	The Penguin Management Book. London: Penguin 1987.
LAWRENCE, P./ ELLIOT, K.:	Introducing Management. General Perspectives, Trends and Development for the Student and Layreader. London: Penguin 1985.
McCORMICK, B.J. u. a. (Hrsg.):	Introducing Economics. London: Penguin 1987.

5. Soziologie, Psychologie, Sozialpsychologische Literatur

ABERCROMBIE, N. u. a. (Hrsg.):	Dictionary of Sociology. London: Penguin 1988.
ADCOCK, C.J.:	Fundamentals of Psychology. London: Pelican 1964.
ARGYLE, M.:	The Social Psychology of Work. London: Pelican 1989.
ARGYLE, M.:	The Psychology of Interpersonal Behaviour. London: Pelican 1983.
FREIRE, P.:	Pedagogy of the Oppressed. London: Pelican 1985.
ORNSTEIN, R.:	The Psychology of Consciousness. London: Pelican 1986.
REBER, A.S.:	Dictionary of Psychology. London: Penguin 1985.
TAJFEL, H./ FRASER, C. (Hrsg.):	Introducing Social Psychology. An Analysis of Individual Reaction and Response. London: Pelican 1978.
WARR, P. (Hrsg.):	Psychology at Work. London: Pelican 1987.
WORSELY, P. (Hrsg.):	The New Introducing Sociology. London: Penguin 1987.

ANHÄNGE

Anhang 1. Glossar

Aufwand-Ertrags-Analyse/Kosten-Wirkungs-Analyse	Damit wird festgestellt, ob der Ertrag einer Investition in einem vertretbaren Verhältnis zum Aufwand steht, ob durch anderen Mitteleinsatz ein Mehrertrag zu erzielen gewesen wäre oder ob derselbe Ertrag auch mit mit geringerem Mitteleinsatz hätte erreicht werden können.
Authentizität	Authentizität im Kontext unseres Arbeitsbuches bedeutet einen möglichst hohen Grad an Realitätsbezug, der nur durch die Einbeziehung der Betroffenen in den Evaluierungsprozeß zu erreichen ist. Insofern erhöht Authentizität die Validität und Reliabilität der Evaluierungsergebnisse.
Bewußtseinsbildung/ Einstellungswandel	Prozeß der Veränderung von Einstellungen, Werten, Normen.
Deskriptive Studie	Mögliche Art der Evaluierungsstudie, in der, ohne daß eigene Analysen durchgeführt werden, die darzustellenden Probleme beschrieben werden.
Direkte Einstellungsmessung	Der Feststellung von z. B. Bewußtseinsänderung dienendes sozialpsychologisches Verfahren, bei dem die Zielgruppe einer Vergleichs- oder Kontrollgruppe gegenübergestellt wird, um so anhand der bestehenden Unterschiede auf die Wirkungsrichtung des Projektes zu schließen. In der Evaluierungspraxis sind solche sozialpsychologischen Methoden nur sehr bedingt anwendbar. Hilfe kann die Anwendung von (meist indirekten) Indikatoren geben. Über die Beobachtung von Veränderungen im alltäglichen Verhalten der Zielgruppe kann man durchaus auf Bewußtseins- oder Einstellungsänderungen rückschließen.
Empowerment of the Poor	Stärkung der Fähigkeiten der benachteiligten Bevölkerungsgruppen zur Veränderung ihrer Situation.

Erfolgskontrolle	Empirisch orientierte Beobachtung und Bewertung von entwicklungspolitischen Maßnahmen/Projekten zur Rechtfertigung der Mittelvergabe und zur Kontrolle der Mittelverwendung. Solche „klassischen" Evaluierungen werden in der Regel von den Geberorganisationen oder deren Vertretern ohne partizipatorischen Ansatz durchgeführt. Im Bereich der staatlichen Entwicklungszusammenarbeit sind Konzepte der Erfolgskontrolle auch heute noch vorherrschend.
Ex-ante-/Feasibility-/Pilot-Evaluierung/Machbarkeitsstudie	Vorstudie zur Durchführbarkeit einer Maßnahme oder eines Projektes. Dabei können sowohl fachtechnische, soziale, (betriebs-)wirtschaftliche Fragen als auch Fragen der entwicklungspolitischen Rahmenbedingungen bzw. Voraussetzungen für die Realisierbarkeit im Mittelpunkt stehen.
Explikative Studie	Eine Art der Evaluierungsstudie, die bestrebt ist, über die Beschreibung hinaus Erklärungen über Wirkungszusammenhänge zu liefern.
Ex-post-/Ergebnis-Evaluierung	Evaluierung einer Maßnahme oder eines Projektes nach der Durchführung. Damit soll untersucht werden, ob die gesteckten Ziele erreicht wurden und welche Schlußfolgerungen daraus für die Zukunft gezogen werden können.
Faktorenanalyse	Wahrscheinlichkeitstheoretische Auswertungsmethode, die den Beitrag verschiedener Faktoren zum Auftreten eines bestimmten Phänomens mißt.
Follow-up-Prozeß	Implementierungsphase von Evaluierungsergebnissen.
Hawthorne-Effekt	Positives Ergebnis einer Zufallsanalyse, das allein darauf zurückzuführen ist, daß die Betroffenen sich beachtet fühlen.
Häufigkeitsverteilung	Anzahl von Merkmalen, die in einer Stichprobe auftreten, und zwar entlang einem Maßstab (z. B. Körpergröße).
Immaterielle Wirkungsweise	Ergebnisse eines Projektes, die sich nicht unmittelbar quantitativ erfassen lassen (intangible results), z. B. Steigerung des Selbstbewußtseins

	oder Emanzipation der ärmsten Bevölkerungsschichten. Sie können mit Hilfe sozialpsychologischer Verfahren (vgl. direkte Einstellungsmessung) gemessen werden.
Indikator/Kriterium	Merkmal, dessen Ausprägung oder Größe empirisch bestimmbar ist und das allgemeinere Umstände, Problemlagen oder Eigenschaften reflektiert oder sichtbare Hinweise auf eine veränderte Situation gibt (vgl. Validität).
Initialförderung	Einmalige Unterstützung, die ein Projekt in Gang bringen soll und eine nochmalige Unterstützung nicht vorsieht.
Intersubjektiv	Jede Aussage über eingesetzte Projektmittel muß unabhängig von der subjektiven Einstellung des Befragers überprüfbar sein (vgl. Validität).
Kontrollgruppe/ Vergleichsgruppe	Eine zum Vergleich herangezogene Bevölkerungsgruppe, die nicht zur Zielgruppe gehören darf.
Korrelation	Zusammenhang zwischen zwei oder mehreren Faktoren in empirisch-sozialwissenschaftlichen Untersuchungen.
Kosten-Nutzen-Analyse	Ansatz zur Beurteilung des wirtschaftlichen Erfolges eines Projektes. Sie bestimmt die Relation von Kosten und Wirkungen sozialer und wirtschaftlicher Interventionen (ausgedrückt in monetären Einheiten).
Längsschnittstudie	Sie untersucht ein Problem an der gleichen Stichprobe zu mehreren Zeitpunkten.
Monitoring	Laufende Ausführungskontrolle im Rahmen einer Programmüberwachung. Es werden u. a. Abweichungen in bezug auf Zielsetzungen, Verwendung von Mitteln und deren Eignung festgestellt.
Participatory Action Research-Methode (PAR)	Partizipatorische Evaluierungsmethode, die auf die aktive Beteiligung der Betroffenen sowie der Mitarbeiterinnen und Mitarbeiter der zu evaluierenden Organisation angelegt ist.
Querschnittsstudie	Vergleich mehrerer Stichproben in bezug auf ähnliche Probleme/Fragestellungen zum gleichen Zeitpunkt. In der Praxis sind Querschnitts-

	studien im Evaluierungsbereich vor allem dann üblich, wenn es gilt, konzeptionelle, allgemeine Schlußfolgerungen für einen bestimmten Bereich oder Förderungssektor auf der Grundlage einer bestimmten Anzahl von Einzelevaluierungen zu entwickeln.
Randomisierung/ Zufallsauswahl	Auswahl-/Stichprobenverfahren, bei dem nach dem Zufallsprinzip die potentiellen Untersuchungseinheiten/Elemente aus der Gesamtheit aller Elemente bestimmt werden.
Referenzrahmen	Bestandteil der Vorbereitungsphase bei einer Evaluierung. Von der Organisation, die eine Eigenevaluierung durchführen will, oder zwischen dem Hilfswerk und der zu evaluierenden Partnerorganisation werden Ziele, Problemfelder, Fragestellungen und Methoden der Evaluierung vereinbart.
Reliabilität/ Verläßlichkeit/ Zuverlässigkeit	Hiermit ist die Tauglichkeit von Methoden angesprochen. Es geht darum, ob mit ihnen unter gleichen Bedingungen die gleichen Meßwerte/Aussagen/Ergebnisse erzielt werden, und zwar unabhängig davon, wer die Untersuchung durchführt.
Reportage	Mögliche Evaluierungsstudie, die eher journalistisch ausgerichtet ist, also Impressionen in den Vordergrund stellt.
Repräsentativität/ Abbildungsgenauigkeit	Grad der Zuverlässigkeit, mit dem von einer Stichprobe auf eine Gesamtheit geschlossen werden kann. Mit statistischen Mitteln (Wahrscheinlichkeitstheorie) kann der Grad der Abweichung festgelegt werden (Irrtumswahrscheinlichkeit).
Resource Persons	Fachleute innerhalb eines interdisziplinären Evaluierungsteams, die nicht unbedingt Mitglieder des Evaluierungsteams sein müssen, aber zu bestimmten Fachfragen hinzugezogen werden. In der Praxis sind dies häufig Fachleute der zu evaluierenden Organisation.
Revolving Funds	Ein Darlehens- bzw. Kreditsystem, das einen festgelegten Fonds darstellt, aus dem nach bestimmten Regeln Zuteilungen erfolgen. Die Rückzahlungen fließen zurück in den Fonds.

Signifikanz	Wahrscheinlichkeit, daß ein Ergebnis nicht zufällig zustande gekommen ist.
„Single-purpose"-Projekte	Unisektorale Projekte, die nur auf ein Ziel hin orientiert sind (Schulen, Krankenhäuser etc.).
Terms of Reference	(siehe: Referenzrahmen)
Total-/Vollerhebung	Erfassung und Befragung aller Beteiligten einer Zielpopulation zur Sammlung von präzisen Daten über diese.
Validität/ Gültigkeit	Eines der drei Grundgebote, an denen sich die Evaluierungsmethoden orientieren müssen. Es fragt danach, ob das gemessen wurde, was zu messen beabsichtigt war, d. h. wie tragfähig eine Meßmethode ist.
Varianzanalyse	Wahrscheinlichkeitstheoretische Auswertungsmethode, die den prozentualen Beitrag angibt, den verschiedene Faktoren am Auftreten eines Phänomens haben.
Wirkungsanalyse	Bestimmung des Grades, zu dem ein Programm die gewünschten Veränderungen in den Zielgruppen tatsächlich hervorgebracht hat.
Wirkungsbeobachtung	Beobachtung und Bewertung von entwicklungspolitischen Maßnahmen, Projekten und Programmen, verstanden als partizipatorische Bestandsaufnahme und Neuorientierung eines Prozesses, nicht aber als Erfolgskontrolle.
Zeitreihenanalyse	Variante reflexiver Kontrollen: Man nimmt in bestimmten Intervallen Messungen der abhängigen Variablen vor; dies ermöglicht Längsschnittvergleiche, die es gestatten, Programmwirkungen zu ermitteln oder Prognosen zu stellen.
Zielgruppe/-bevölkerung	Spezifischer Bevölkerungsausschnitt (Personen, Haushalte, Gemeinden), der durch Entwicklungsmaßnahmen gefördert werden soll.
Ziel-Mittel-Beziehungen	Logische Zuordnung von Mitteln und Zielen zueinander, die möglichst widerspruchsfrei sein sollten. Es soll festgestellt werden, wie sich Mittel und Ziele zueinander verhalten.

Anhang 2.
Hinweise zur Methodenwahl und -anwendung

Anhang 2.1
Wie „wissenschaftlich" muß oder darf eine Evaluierung sein?

Am Anfang jeglicher Evaluierung oder gemeinsamer Wirkungsbeobachtung ist zu klären, welches Erkenntnisinteresse vorliegt. Es geht somit darum, sich zu vergegenwärtigen, was man wissen will, was man messen möchte und warum. So unterschiedlich die Antworten auf derlei Grundfragen ausfallen können, so scheint doch Einverständnis erreicht zu sein, daß im Rahmen der kirchlichen Entwicklungsförderung ein eher akademisches, auf die „wertneutrale" Erklärung sozialer Zusammenhänge gerichtetes Erkenntnisinteresse weitgehend ausgeschlossen ist. Grundsätzlich ist das Erkenntnisinteresse von Evaluierungen im Bereich des kirchlichen Entwicklungsdienstes an den mittelbaren oder unmittelbaren Bedürfnissen von Partnerorganisationen und/oder der Menschen, die sie vertreten, orientiert.

Dessen ungeachtet, müssen sich die Instrumente und damit letztlich die Aussagen auch in kirchlichen Evaluierungen an den Geboten der Gültigkeit (Validität), Verläßlichkeit (Reliabilität) und Abbildungsgenauigkeit (Repräsentanz oder Repräsentativität) orientieren. In der praktischen Anwendung wird sich dies kaum mit der Genauigkeit sozialwissenschaftlicher Forschung oder breit angelegter Studien durchhalten lassen. Immerhin kann bei sozialwissenschaftlichen Studien die „Validierung" von Meßinstrumenten geraume Zeit in Anspruch nehmen und unter Umständen eine Reihe von Voruntersuchungen voraussetzen. Für unseren Kontext ist entscheidend, Fragen nach Gültigkeit, Verläßlichkeit und Abbildungsgenauigkeit zu stellen, zumal nur begrenzt eigene Erhebungen möglich sein werden und Evaluierungsteams auf Erhebungen, Aussagen, Interpretationen und/oder Meinungen von Dritten angewiesen sind.

Von der Genauigkeit des Umgangs mit dem verfügbaren Datenmaterial in Evaluierungsstudien, die ja schließlich der konzeptionellen Weiterentwicklung (policy development) dienen sollen, hängt entscheidend ab, inwieweit Partnern bzw. Zielgruppen und deren Anliegen Gerechtigkeit widerfährt. Die Erfahrung lehrt, daß besonders an diesem Punkt Spannungen zwischen Partnern und Förderorganisationen, die unter Handlungsdruck stehen, und den auf Sorgfalt und Gründlichkeit der Erhebung und Auswertung bedachten Evaluierern auftreten können.

Wenn auch im kirchlichen Bereich zukünftig Querschnittsanalysen bestehender Evaluierungsstudien durchgeführt werden sollen, dann wird dies nur möglich sein, wenn die Defizite hinsichtlich der Validität, Reliabilität und Repräsentativität vermindert werden. Ansonsten ist jederzeit mit groben Verzerrungen und falschen Schlußfolgerungen zu rechnen, die sich negativ auswirken können.

Insofern sollten Evaluierungen im kirchlichen Raum durchaus „wissenschaftlich" angelegt sein, ohne daß dabei notwendigerweise spezialisierte empirische Forschung betrieben wird, deren Bedeutung im konkreten Projekt- oder Programmzusammenhang fragwürdig erscheinen müßte. Im übrigen sind auch empirisch „saubere" (intersubjektiv überprüfbare) Aussagen über die Wirkungsweise der in Projekten und Programmen eingesetzten Mittel und Instrumente interpretationsfähig und interpretationsbedürftig. Zu empiristischer Euphorie besteht in keinem Fall Anlaß, wohl aber besteht Hoffnung auf eine durchgreifende Versachlichung des Dialoges mit wachsendem empirischen Gehalt von Aussagen in Evaluierungsstudien.

Nur in Ausnahmefällen wird es möglich sein, ein Bild von der „Projektrealität" auf der Basis von Aussagen, Einschätzungen und Erwartungen aller Beteiligten herzustellen (Voll- oder Totalerhebung). Je größer und vielgestaltiger Programme sind, umso notwendiger wird es aus praktischen Gründen sein, Aussagen auf Stichproben zu stützen. Deren Abbildungsgenauigkeit wird umso höher sein, je näher das gewählte Auswahlverfahren den Erfordernissen der Zufallsstichprobe kommt. *Friederichs (1985, S. 123 f.)* unterscheidet verschiedene Formen der Zufallsauswahl: einfache Zufalls-Stichprobe, systematische Wahrscheinlichkeitsauswahl, geschichtete Wahrscheinlichkeitsauswahl. Nur wenn deren „Spielregeln" eingehalten werden (können), kann Anspruch auf Repräsentativität erhoben werden.

Aus vielschichtigen Gründen können bei Evaluierungen in Ländern der Dritten Welt die strengen Voraussetzungen der Zufallsauswahl fast ebenso selten erfüllt werden, wie es gelingt, eine Vollerhebung durchzuführen. Statistisch heißt das, daß die meisten Erhebungen möglicherweise einen systematischen Fehler enthalten, von dem nicht bekannt ist, wie groß er ist und in welche „Richtung" er das Bild verfälscht.

Evaluiererinnen und Evaluierer sollten sich bemühen, z. B. bei Erhebungen in integrierten Programmen, die sich über mehrere Dörfer erstrecken, die Auswahl der Dörfer nicht nach Gesichtspunkten wie „Zugänglichkeit" oder „als besonders interessant empfohlen" zu treffen. Statt dessen sollten Gruppen von Dörfern z. B. nach Gesichtspunkten der Dauer der Arbeit des Projektträgers in diesen Dörfern und/oder nach der Höhe des Mitteleinsatzes gebildet werden. Aus diesen Gruppen können dann nach den Regeln der Zufallsauswahl Stichproben gezogen werden. So kann es gelingen, systematische Erhebungsfehler etwas zu mindern.

Den Regelfall bildet allerdings die gezielte Auswahl von Gesprächspartnern nach Gesichtspunkten wie „anerkannte Kompetenz", „lange Betriebszugehörigkeit", „Sprecher(in) einer wichtigen Gruppe", „ausgewiesener Gegner/Befürworter des Projektes" etc. Je breiter das Spektrum, um so „wahrscheinlicher" ist es, den systematischen Fehler zu verkleinern; ihn auszuschließen, ist aber auf diese Weise nicht möglich. Systematische Fehler können übrigens auch durch partizipative Evaluierungsstile nicht wesentlich reduziert werden, da bei diesen die Gefahr besteht, daß überwiegend Einschätzungen von Personen zum Tragen kommen, die sich sehr stark mit einem Projekt/Programm identifizieren, das nicht typisch zu sein braucht.

Trotz allem wäre nichts verkehrter als zu sagen: „Dann können wir ja gleich einpacken, wenn die Treffsicherheit nicht gewährleistet ist!" Die Ausführungen zur Repräsentativität sollen nur illustrieren, daß Evaluierungsergebnissen Skepsis entgegenzubringen ist, wenn sie den Anspruch erheben, die Wahrheit oder das ganze „ungeschminkte" Bild über das Projekt bzw. Programm auszusagen. Evaluiererinnen und Evaluierer sollten sich vor lauter methodischen Vorbehalten nicht dazu treiben lassen, keinerlei qualitative Aussagen und Empfehlungen mehr zu wagen. Nur zur Vorsicht wird aufgerufen!

Anhang 2.2
Was ist von teilnehmender Beobachtung bei Evaluierungen zu halten?

Die teilnehmende Beobachtung ist die klassische Methode der Anthropologie und der Ethnologie. Der Forscher oder die Forscherin versucht, sich so weit wie möglich in das soziale Gefüge seines Untersuchungsgegenstandes zu integrieren, in dieses „einzutauchen". Im Laufe der Zeit kann es dadurch gelingen, das Verhalten der Menschen und ihre Beziehungen untereinander zu verstehen und zu erklären. Bei Evaluierungen wird es nur in Ausnahmefällen möglich sein, von der vordergründigen und kurzfristigen Beobachtung, der „Inaugenscheinnahme", zur teilnehmenden Beobachtung zu gelangen. Dies liegt vor allem daran, daß die teilnehmende Beobachtung enorm zeitaufwendig ist. Außerdem bestehen erhebliche methodische Zweifel, ob Außenstehende tatsächlich in der Lage sind, ein soziales Beziehungsgefüge „von innen heraus" zu verstehen. In vielen Fällen dürften strukturierte Befragungen von Schlüsselpersonen, die von Anfang an Teil des Projektgeschehens waren, zumindest gleichwertige, wenn nicht sogar bessere Einsichten erbringen.

Dennoch bildet der Versuch der teilnehmenden Beobachtung einen unverzichtbaren Bestandteil jeder Evaluierung. Denn er erlaubt es, zusätzliche Fragen zu formulieren und das „Ambiente" eines Projektes und Programmes plastisch zu beschreiben. Da dabei die subjektive Wahrnehmung eine große

Rolle spielt (z. B. Betrachtung durch eine „europäische Brille"), kann es zu Fehlinterpretationen und zu einer unangemessenen Überhöhung „singulärer" Ereignisse kommen. In den Fällen, in denen die teilnehmende Beobachtung möglich ist, hat sich die Arbeit in gemischten Teams besonders bewährt. Einheimische und ausländische Evaluiererinnen und Evaluierer wirken als wechselseitiges Korrektiv gegen Fehlinterpretationen. Einheimische Mitwirkende wissen beobachtete Verhaltensweisen zumeist besser einzuschätzen als Ausländer, wohingegen letzteren Dinge auffallen können, die Einheimische nicht mehr sehen, weil sie „selbstverständlich" sind.

Anhang 2.3
Worauf kommt es bei Befragungen in erster Linie an und welche Formen eignen sich dafür?

Die Befragung von Betroffenen bzw. von Mitarbeitern des Projektträgers ist die gängigste Methode der Datenerhebung für Evaluierungsstudien. Sie variiert nach Qualität und Systematik allerdings erheblich. Die Bandbreite reicht von sehr strukturierten, differenzierten und voll ausgearbeiteten Fragebögen bis hin zum offenen Projektgespräch. Da bleibt es der Intuition der Evaluiererin oder des Evaluierers überlassen, ob wirklich alle relevanten Gesichtspunkte und Sachverhalte diskutiert werden. Trotz aller systematischen Vorteile, die schematische Fragebögen bieten, hat sich in der Dritten Welt die Arbeit mit ihnen nicht bewährt – insbesondere dann, wenn die Befragten gebeten wurden, sie selbst auszufüllen.

Nach dem derzeitigen Erkenntnisstand spricht vieles für strukturierte Interviews, denen offene Gesprächsleitfäden zugrundeliegen. Sie sollten jedoch beim Gespräch weder dem Interviewer noch den Befragten vorliegen. Bei dieser Form des Interviews müssen die Befrager ihren Fragebogen auswendig wissen und zugleich die Fähigkeit entwickeln, alle Fragen möglichst geschickt und flexibel in den jeweiligen Gesprächsverlauf einzubringen. Gesprächsleitfäden sind am einfachsten auf der Basis sektorspezifischer Frageraster – so vorhanden – aufzubauen. Die Methode erfordert ein hohes Maß an Konzentration und Disziplin, weil die einzelnen Antworten auf die Fragen unmittelbar nach dem Gespräch schriftlich zu fixieren sind. Um die Fehlerquellen zu minimieren, hat es sich bewährt, mit mindestens zwei Befragern zu arbeiten.

Die Fragen müssen selbstverständlich klar, verständlich und eindeutig formuliert werden, und es ist darauf zu achten, daß die Aussagen – bei unterschiedlichen Antwortmöglichkeiten – stets auf derselben logischen Ebene liegen. Da bei Evaluierungen im kirchlichen Raum selten die Zeit bleibt, Fragebögen bzw. Orientierungsleitfäden zu testen, sollten wenigstens Vorkehrungen getroffen werden, um systematischen Fehlern, die sich z. B. aus den kulturellen Unterschieden der Beteiligten ergeben könnten, weitgehend vorzubeugen. Zu diesem Zweck empfiehlt es sich, die Fragen mit einer Reihe von Personen zu testen, die nicht der gewählten Stichprobe angehören. Eine solche Übung ist auch nützlich, um suggestive Fragen (bei denen den Befragten bewußt oder unbewußt eine bestimmte Antwort nahegelegt wird) zu vermeiden.

Anhang 3.
Methodische Fallbeispiele

Vorbemerkung

Die Diskussion der Vor- und Nachteile sowie der Zweckmäßigkeit verschiedener Methoden zur Evaluierung der kirchlichen Entwicklungsarbeit hat gezeigt, daß die Voraussetzungen und Erfahrungen zur zuverlässigen und adäquaten Anwendung von Methoden sehr unterschiedlich sind. Hinsichtlich ihrer Eignung und Akzeptanz stehen wir erst am Anfang eines längeren Prozesses, der die Aufarbeitung weiterer Erfahrungen bei der Methodenanwendung notwendig macht. Im folgenden sind einige methodische Fallbeispiele näher erläutert, auf die im Text Bezug genommen wurde.

Anhang 3.1

Die GRAAP-Methode:

Eine sehr gute Einführung in die Arbeit von GRAAP (= Groupe de Recherche et d'Appui pour l'Autopromotion Paysanne – Arbeitsgruppe, die Möglichkeiten und Methoden zur Selbstförderung der Landbevölkerung sucht, entwickelt und unterstützt) bietet das Büchlein „Pour une pédagogie de l'autopromotion communautaire", 1985 herausgegeben von GRAAP, Bobo-Dioulasso (Burkina Faso). 1989 gab die Arbeitsgemeinschaft für Entwicklungshilfe e.V. (AGEH), Köln, eine deutsche Übersetzung heraus: „Für eine Pädagogik der gemeinschaftlichen Selbsthilfeförderung".[1]

In ihrem Vorwort zur deutschen Ausgabe geben die Übersetzer u. a. folgende Informationen zu GRAAP:

„Ende der 50er Jahre wurde in Frankreich von katholischen Soziologen die neue Strategie der ‚Animation Rurale' für die Entwicklung der ländlichen Bevölkerung in Westafrika ausgearbeitet. Ähnlich der Arbeit von Katechisten

---
[1] Bezug: AGEH, Postfach 210128, 5000 Köln 21

*Wer den Anspruch der Selbsthilfe ernst nimmt, muß die Partner auch zu kritischer Selbstanalyse ermutigen. Aufgrund ihrer Sachkenntnis sind sie zumeist besser als Außenstehende in der Lage, Fakten und Zusammenhänge zutreffend zu erkennen und zu bewerten.
(Gruppe von Fischerfrauen in Südindien)*

im kirchlichen Bereich sollten ‚Animatoren' die Bevölkerung bei ihrer Entwicklung begleiten. Diese Theorie wurde dann in verschiedenen Ländern, zum Teil unter staatlicher Regie, mit unterschiedlichem – meist schlechtem – Erfolg umgesetzt. Zur gleichen Zeit wurde die in Europa verbreitete ‚Katholische Aktion' nach Afrika übertragen. Deren Prinzip ‚Sehen – Urteilen – Handeln' stieß jedoch bei der afrikanischen Bevölkerung wegen des Begriffs ‚Urteilen' auf Ablehnung.

GRAAP entstand Anfang der 60er Jahre innerhalb der ‚Action Catholique' in der Elfenbeinküste, entschied sich aber für einen eigenen Weg nach dem Prinzip ‚Sehen – Überlegen – Handeln'. GRAAP entwickelte für die Durchführung der ländlichen Animation eine eigene pädagogische Methode und das dazu erforderliche pädagogische Material.

Seit 1975 hat GRAAP ihren Sitz in Bobo-Dioulasso/Burkina Faso und verbreitet ihre Methode im west- und zentralafrikanischen Raum. GRAAP-Methode und GRAAP-Material sind besonders für die Anwendung in Gesprächsrunden gedacht. Diese Gespräche dienen der Bildung eines neuen Bewußtseins: Die Menschen müssen ihre Entwicklung selbst in die Hand nehmen, um ihre Lebensqualität zu verbessern.

Die Methode ist für Analphabeten, die noch die Mehrheit der ländlichen Bevölkerung bilden, besonders geeignet. In den letzten Jahren werden die Serien aber auch in den Städten in angepaßten Ausführungen eingesetzt.

Die Methode und das Material wurden für den Kulturraum Westafrika entwickelt. Sie können aber unseres Erachtens auch auf andere Kulturräume mit ähnlicher Problematik angepaßt und dort eingesetzt werden." *(J. Hochheimer und U. Sebastian)*

Ein wichtiges Element der GRAAP-Methode ist visuelles Material (Figuren, Symbole etc.), das zum einen den Teilnehmern an Animationsveranstaltungen hilft sich auszudrücken, über eine Situation zu sprechen. Zum anderen dient es dazu, das Gesagte visuell zu „notieren", festzuhalten. In der zweiten Phase, dem „Überlegen", ist es dann Ausgangspunkt und zugleich Mittel der Analyse. Eine Umordnung des visuellen Materials stellt die Ergebnisse des „Überlegens" dar. Die GRAAP-Methode arbeitet sehr intensiv mit traditionellen Sprichwörtern, mit Analogien, Geschichten und Symbolen. So wird z. B. die Ermittlung von „Folgen und Ursachen" – diese Reihenfolge ist bewußt gewählt, da meist zuerst die „Folgen" entdeckt werden – in folgenden Zusammenhang gestellt:

„Wenn du die Ranken einer Liane abschlägst, ohne die Wurzeln zu entfernen, wird sie weiterwuchern." (Afrikanisches Sprichwort)

Anhang 3.2

Die ZOPP-Methode

Das Kurzwort ZOPP steht für „Zielorientiertes Planen von Projekten und Programmen". Nachfolgend zitieren wir aus einer Einführung in die Grundlagen der ZOPP-Methode, die von der Deutschen Gesellschaft für Technische Zusammenarbeit (GTZ), Eschborn, im März 1987 publiziert worden ist (vgl. Bibliographie). Damit sollen einige Grundzüge dieser Methode illustriert werden, die auf der Basis des „logical framework"-Ansatzes beruht. Bei der ZOPP-Methode handelt es sich um ein umfassendes Managementinstrument für Planung, Organisation und Durchführung von Projekten:

„1. Die ZOPP-Methode ist seit 1983 verbindlich in der GTZ eingeführt und soll in allen Phasen der Planung und Durchführung von Projekten (einschließlich Evaluierung) angewendet werden. Seit 1986 gilt auch für die Zusammenarbeit des Bundesministeriums für wirtschaftliche Zusammenarbeit (BMZ) mit der GTZ ein geändertes Auftragsverfahren, das die Anwendung von ZOPP voraussetzt. Die ZOPP-Methode vereinheitlicht so nicht nur die gedankliche Vorgehensweise, sondern auch das Verständnis der verwendeten Begriffe und erleichtert die Kommunikation und Kooperation zwischen den Beteiligten. Dies bedeutet aber nicht, daß die ZOPP-Methode immer schematisch und mit allen Schritten angewendet werden muß. Es hängt von den verfügbaren Informationen, der Aufgabenstellung und der Beteiligung ab, wie vollständig und intensiv die Planungsschritte durchgeführt werden können. Der flexible Umgang mit der Methode setzt allerdings die Beherrschung der Grundform voraus. ZOPP ist eine ‚offene Methode', bei der in den unterschiedlichen Phasen andere Methoden zur Unterstützung eingesetzt bzw. genutzt werden können.

2. Die Arbeit mit ZOPP umfaßt mehrere Elemente, die sich wechselseitig unterstützen:

(1) Die **Methode** als Leitfaden für die Vorgehensweise in der Planungsgruppe.

(2) Der **Teamansatz** als Rahmen für die Bearbeitung fachübergreifender Probleme und die Beteiligung wichtiger Interessen- oder Zielgruppen.

(3) Die **Visualisierung,** mit der die Beiträge der Mitglieder und die Diskussionsergebnisse mit Hilfe von Kärtchen schriftlich dokumentiert werden.

(4) Die **Anwendungsregeln,** die in der Projektplanung den Zeitpunkt, die Beteiligung und den Zweck der ZOPP-Anwendung festlegen.

(5) Das **Projektmanagement,** das auf ZOPP aufbaut und die erarbeiteten Planungen umsetzen soll. ZOPP als Methode lebt von dem Wissen, den Ideen und Erfahrungen, die von den Teammitgliedern in die Diskussion

eingebracht werden. Die Planungsqualität, die so mit Hilfe von ZOPP verbessert werden soll, bestimmt auch den Nutzen für Entscheidungsträger und Projektpraxis, der letztendlich den Aufwand rechtfertigen muß.

3. Die ZOPP-Methode folgt in ihrer Vorgehensweise einigen einfachen Grundüberlegungen:

(1) Die Zusammenarbeit zwischen den Projektmitarbeitern und verschiedenen Partnerorganisationen erfolgt reibungsloser und erfolgreicher, wenn die Beteiligten sich auf möglichst eindeutig formulierte **Ziele** geeinigt haben.

(2) In der entwicklungspolitischen Zusammenarbeit versuchen wir, Probleme zu lösen oder zu reduzieren, indem wir an den Ursachen ansetzen. Deshalb leiten wir mögliche und sinnvolle Zielsetzungen aus einer Analyse von **Problemen** und ihren **Ursachen** und **Wirkungen** ab.

(3) Probleme und ihre Ursachen existieren nicht unabhängig von Menschen, Gruppen oder Organisationen. Deshalb kann man über Probleme erst dann sprechen, wenn man sich einen Überblick über die **beteiligten Interessengruppen, Individuen** und **Institutionen** verschafft hat. Die Analyseschritte versuchen so, aus der Wirklichkeit, die komplex und eigentlich unüberschaubar ist, modellhafte Ausschnitte herauszuarbeiten, die einer weiteren Planung und Bearbeitung durch Gruppen zugänglich sind. Die notwendige Vereinfachung, die damit verbunden ist, beruht auf einer bewußten und pragmatischen Entscheidung für den Menschen und Mitarbeiter als Planungssubjekt, weil komplexere Methoden in der Praxis der Projektplanung häufig nicht anwendbar sind.

4. In der Analysephase werden als dokumentierte Planungsergebnisse erarbeitet:

- eine Beteiligtenübersicht (1. Schritt): In der Beteiligtenanalyse werden die Beteiligten und die Zielgruppen analysiert
- eine Problemhierarchie (2. und 3. Schritt): Das Kernproblem wird festgelegt. Die Ursachen und die Folgewirkungen des Kernproblems werden analysiert
- eine Zielhierarchie mit Ansätzen für alternative Problemlösungen (4. und 5. Schritt): Die Problemhierarchie wird in eine Zielhierarchie umgewandelt und die Zielsetzungen werden analysiert. Ansätze für alternative Problemlösungen werden identifiziert.

Im Anschluß an die Analyseschritte erfolgt die Planung im engeren Sinne mit Hilfe einer Projektplanungsübersicht, die die Grob- und Grundstruktur eines logisch konsistenten und realisierbaren Projektes darstellen soll (6. bis 12. Schritt)."

Die Projektplanübersicht (PPÜ) enthält das Oberziel, das Projektziel, die zu erbringenden Ergebnisse und die zu ergreifenden Aktivitäten, dazu (jeweils zugeordnet) die objektiv nachprüfbaren Indikatoren, die Quellen für die Nachprüfbarkeit sowie die jeweils wichtigen Annahmen.

„Der Planungshorizont soll ein überschaubarer Zeitabschnitt sein, der in etwa der Gesamtförderung entspricht. Davon ist für die aktuelle Förderungsphase eine für diesen Zeitraum gültige Projektplanungsübersicht abzuleiten."

Verschiedene ZOPP-Stufen sind zu unterscheiden (Auszüge aus S. 1 – 4, 5, 8, 10, 12, 14, 18, 30 – 31):

„In der Praxis der ZOPP-Anwendung in der GTZ haben sich die nachfolgend kurz beschriebenen ZOPP-Stufen herausgebildet:

ZOPP 1 (,Vor-ZOPP'): Zur Vorbereitung der Entscheidung über die Projektprüfung werden eine Vorabstellungnahme und wenn möglich Vorschläge und ein Angebot an das BMZ zur Projektprüfung erarbeitet.

ZOPP 2 (,Prüf-ZOPP'): Zur Vorbereitung der Projektprüfung wird die Aufgabenstellung für die Gutachter mit diesen gemeinsam präzisiert.

ZOPP 3 (,Partner-ZOPP'): Zur Erarbeitung eines gemeinsamen Konzepts inkl. einer Mengenplanung werden die wesentlichen Feststellungen und Empfehlungen der Gutachter mit der Partnerorganisation vor Ort analysiert und abgestimmt.

ZOPP 4 (,Start-ZOPP'): Zur Vorbereitung der Operationsplanung werden Analysen und Planungen im Projekt vor Ort mit dem Personal der Partnerorganisation aktualisiert und weiterentwickelt.

ZOPP 5 (,Änderungs-ZOPP'): Zur Vorbereitung von Plananpassungen, d. h. Änderungen oder Ergänzungen im Ziel- und Ergebnisbereich während der Projektdurchführung (oder zur Vorbereitung einer neueren Projektphase) wird vor Ort ein Planungsseminar unter Beteiligung des Trägers, der GTZ und ggf. des BMZ durchgeführt.

Sonstige ZOPP: Es ist empfehlenswert, einmal jährlich ein ZOPP-Seminar zur Planfortschreibung durchzuführen. Dafür verantwortlich ist die jeweilige Partnerorganisation. Auch die Moderation kann in der Regel durch einen Mitarbeiter des Projektes erfolgen."

Anhang 3.3

Die DELTA-Methode[1])

DELTA ist die Abkürzung für „Development Education and Leadership Training for Action". Diese Bezeichnung entspricht dem Gebrauch sowie dem Programmtitel in Sierra Leone; leicht abweichend die Bezeichnung in Kenia: „Development Education and Leadership Teams in Action". In Nigeria ist dieser Projekttyp bekannt unter der Abkürzung DELES für „Development Education and Leadership Services", in Zimbabwe unter der programmatischen Bezeichnung „Human Resource Development/Learning for Transformation".

Das Grundkonzept, auf dem das DELTA-Programm basiert, besteht in der Erkenntnis, daß nur dann eine nachhaltige Entwicklung stattfinden kann, wenn die betroffene Bevölkerung, die Zielgruppe, selbst ihre eigenen Probleme erkennt und analysiert und angepaßte Möglichkeiten zur Problemlösung findet. Ziel des DELTA-Training-Programms ist es, die dafür notwendigen Animatoren – in erster Linie Mitarbeiterinnen und Mitarbeiter von lokalen Entwicklungsförderungsorganisationen oder Repräsentanten der Zielgruppen – auszubilden. Sie haben die Aufgabe, den Prozeß der Problemanalyse und Problemlösung durch die Zielgruppe in Gang zu bringen und zu begleiten.

Das folgende Schaubild zum DELTA-Konzept geht zur Veranschaulichung der Methode von einem Flußsystem aus, das im Einzugs- und Mündungsgebiet deltaförmig verzweigt ist. Im Mittelpunkt steht dabei das DELTA-Training, welches aus fünf verschiedenen Hauptquellen gespeist wird und in verschiedenen Aktivitäten mündet.

---

1) *Wir danken Herrn Bodo Immink, Aachen, für die folgende Beschreibung der DELTA-Methode.*

Der DELTA-Fluß

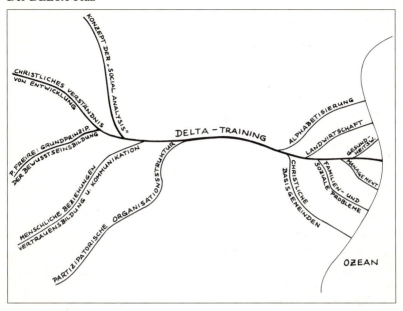

Nach HOPE, A./TIMMEL, S.: *Training for Transformation. A Handbook for Community Workers.* Gweru: Mambo Press 1984, Bd. 1, S. 7

Zwei Impulse führten zur Entwicklung der DELTA -Konzeption:
- ein grundlegend geändertes Entwicklungsverständnis, welches die Beteiligung der Bevölkerung an der Planung und Durchführung von Entwicklungsprogrammen stärker in den Mittelpunkt rückt (Christliches Verständnis von Entwicklung);
- eine von Paulo Freire in Brasilien entwickelte pädagogische Theorie, die an spezifisch afrikanische Bedingungen angepaßt wurde (P. Freire: Grundprinzipien der Bewußtseinsbildung).

Diese beiden „Quellen" verlangen die Steuerung des Entwicklungsprozesses durch die Menschen selbst. Daraus folgt als Ziel für die Schulung von Führungspersönlichkeiten die Befähigung zur Animation der Zielgruppe: Die Reflexion von Problemen, die Suche nach Lösungsmöglichkeiten und die Organisierung von Selbsthilfeaktivitäten sind nicht *für,* sondern gemeinsam *mit* den betroffenen Bevölkerungsgruppen in Gang zu bringen.

Drei weitere „Quellen" speisen den Fluß „DELTA-Training":
- ein methodisches Instrumentarium zur Analyse der ökonomischen, sozialen und kulturellen Hindernisse von Entwicklung: Das Konzept einer sozialen Analyse („social analysis") bildet den Ausgangspunkt;

- ein spezifisches Verständnis von menschlichen Beziehungen, Vertrauensbildung und Kommunikation: Nur Teams werden zum Trainingsprogramm zugelassen, da sich Bewußtseinsentwicklung vor allem im Dialog, in Gemeinschaft vollzieht und Teamarbeit als ein Abbild der Lebens- und Projektrealität verstanden wird (Menschliche Beziehungen/Vertrauensbildung und Kommunikation);
- ein eigenes Verständnis vom Aufbau und von den Aufgaben von Organisationen: Auch nach Schulungsende soll ein Erfahrungsaustausch zwischen den verschiedenen Teams möglich sein, um über Kommunikation vor allem einen verbesserten Zugang zu Ressourcen zu erlangen (Partizipatorische Organisationsstruktur).

So schlossen sich in Sierra Leone zahlreiche Gruppen nach Abschluß der eigentlichen Weiterbildung in einer Bewegung zusammen; auf internationaler Ebene kam es zur Formierung des Netzwerkes DEN (Development Education Network), welches auch eine Plattform für den Dialog mit den überseeischen Partnerorganisationen bildet.

Diese fünf Quellen speisen das DELTA-Training, um die Programmteilnehmer in die Lage zu versetzen, die Arbeit in den verschiedenen DELTA-Armen (Landwirtschaft, Gesundheit, Bildung etc.) effektiver zu gestalten. Alle DELTA-Programme beinhalten als integralen Bestandteil eine Monitoring- und Evaluierungskomponente.

Es ist Bestandteil jeder Ausbildungsphase, daß die einzelnen Teams einen Aktionsplan für die folgenden sechs Monate aufstellen, der dann zu Beginn der jeweils nächsten Phase aufgearbeitet wird. Ebenfalls vorgesehen sind umfassende Programmevaluierungen: Wirkungsanalysen dienen u. a. der Verbesserung der Kursinhalte und der Auswahlkriterien; Trägerstrukturanalysen, Kapazitätsprognosen sowie neue Bedarfsanalysen nach inhaltlichen Schwerpunktverlagerungen machen Evaluierungen zur Grundlage von Zukunftsplänen.

Die Freire'sche Sequenz Reflexion-Aktion-Reflexion fordert nicht nur, daß die Bevölkerung ihre Probleme zur Sprache bringt und Lösungsansätze in die Praxis umsetzt, sondern auch das stete Reflektieren über das Erreichte. Planung und Evaluierung werden als zwei unabdingbare Bestandteile eines Prozesses verstanden. Sie werden beide dialogisch bzw. partizipatorisch mit den Zielgruppen durchgeführt.

Frauen sollten in Evaluierungsteams mitwirken. Sie können häufig am besten unzureichend bedachte soziale Auswirkungen von Projekten und Programmen erkennen und beurteilen. (Frauen beim Wasserschöpfen in Burkina Faso)

Anhang 3.4

Der Ansatz der ENDA-GRAF-Gruppe

ENDA ist eine internationale NRO; GRAF = Groupe Recherche Action Formation, mit Sitz in Dakar/Senegal. Der Ansatz von ENDA-GRAF ist dargestellt in *E.S. Ndione: Enracinement et interactions, Dakar o.J.* Wir geben zur Einführung einige Anmerkungen in deutscher Übersetzung wieder:

„Der Ansatz setzt voraus, daß die Trennung: vorausgehende Forschung auf der einen Seite, Handlung und Evaluierungen auf der anderen Seite, überwunden wird. Zu den Facetten ‚Forschung' und ‚Handlung' gehört immer auch eine Facette ‚Ausbildung'. Es ist im übrigen einer geduldigen Beobachtung und einem aufmerksamen Zuhören zu verdanken, daß wir diesen Ansatz ‚wiederentdeckt' haben, der bereits in der Kultur der Bauern und armen Städter existierte. In ihrem Milieu definieren sich Forschung, Handlung, Ausbildung jeweils situationsspezifisch, und die Wirklichkeit ist nicht identisch mit der Bedeutung der Begriffe in den europäischen Sprachen. Es geht um einen entdeckenden (mäeutischen) Ansatz, der allein die Menschen in die Lage versetzt, sich besser zu verstehen."

Der GRAF-Ansatz beruht auf langjährigen Erfahrungen mit Stadtteilarbeit in Dakar und mit den dabei erlebten Schwierigkeiten (vgl. dazu *E.S. Ndione Dynamique urbaine d'une société en grappe, ENDA, Dakar 1987).* Wichtige Folgerungen aus diesen Erfahrungen waren u. a.

- das Ausgehen von der Kultur der Bevölkerung;
- das Einbeziehen der sozialen Realität in ihrer Gesamtheit, was z. B. die alleinige Beschränkung auf die „Ärmsten der Armen" ausschließt und eine Berücksichtigung der existierenden sozialen Hierarchie beinhaltet;
- die Einsicht, daß auch Bauern oder Slumbewohner „Forschungskapazität" besitzen. Nur bemüht sich deren Herangehensweise nicht um „wissenschaftliche Objektivität", sondern ist immer eingebunden in Verwandtschaftsbeziehungen, den umgebenden Raum sowie die Sorgen und Wünsche, die immer zugleich ökonomisch und kulturell begründet sind. „Bauern haben eine ‚mehrdimensionale' Konzeption von sozialer Veränderung und Entwicklung" und ihre eigene Rationalität. Diesen Annahmen versucht der Ansatz durch die Verbindung „Forschung-Handlung-(Aus-)Bildung" gerecht zu werden – in konkreten sozialen Situationen und Problemlagen, wie etwa sinkender Bodenfruchtbarkeit oder zunehmender Versteppung.

Anhang 4.
Phasenschema der praktischen Durchführung einer Evaluierung
(zu den Kapiteln 3, 4 und 5)

Anhang 4.1

Vorbereitungsphase

a) Initiative zur Durchführung einer Evaluierung geht aus vom

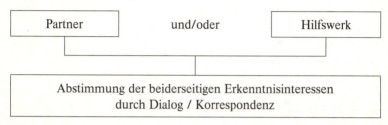

b) Gemeinsame Erstellung des Referenzrahmens: Festlegung der
   - Ziele
   - Fragestellungen
   - Methoden

c) Bildung des Evaluierungsteams:
   Partnerschaftliche Entscheidung über fachliche Zusammensetzung und Auswahl der Personen unter Berücksichtigung
   - fachlicher Kompetenz, wie
     - fachliche, berufliche Erfahrung
     - Sprachkundigkeit
     - Landes-, Regionalkenntnisse
   - ausgewogener Ansprech- und Beurteilungsfähigkeit, wie
     - ausgewogene Repräsentanz von Frauen im Team
     - Berücksichtigung kultureller Besonderheiten und Tabus (betreffend Alter, Geschlecht, Religionszugehörigkeit etc.)

d) Organisatorische Planungen und Absprachen:
   - Termin- und Zeitplanung
   - Beschaffung und Aufbereitung von Daten (aus dem Projekt und dessen Umfeld, Sekundärliteratur etc.)
   - Aufstellung lokaler Teams für die Datenerhebung
   - Erörterung logistischer Fragen und Regelung der Verantwortlichkeiten

e) Kostenschätzung und Beschaffung von Finanzierungsmitteln.

Anhang 4.2

Durchführungsphase

a) Erstellung eines Arbeitsplanes durch das Evaluierungsteam
b) Auswertung von Dokumenten, Berichten und Projektakten
c) Durchführung von Datenerhebungen, Interviews etc. gemäß den zuvor vereinbarten Methoden
d) Dialog der Team-Mitglieder untereinander und mit Vertretern des Projektes.

Anhang 4.3

Auswertungsphase

a) Diskussion der Untersuchungsergebnisse mit den Verantwortlichen des Projektes
b) Festlegung der Schlußfolgerungen und Empfehlungen
c) Abfassen des Berichtes (mindestens der ersten vollständigen Fassung, die nur noch redaktionell überarbeitet wird) von allen Team-Mitgliedern; mögliches Gliederungsprinzip:
   - Auftrag, Referenzrahmen und methodisches Vorgehen (Wesentliches zum Ablauf)
   - Untersuchungsergebnisse
   - Schlußfolgerungen
   - Empfehlungen
   - Anlagen: Ablaufbericht, Erläuterungen, Liste der ausgewerteten Dokumente, Statistiken, Verzeichnisse etc.
d) Abgabe des Berichtes bei den Auftraggebern, einschließlich der Erläuterung von Fragen.

Anhang 4.4

Umsetzungsphase

a) Studium des Berichtes durch alle, die beim Hilfswerk und beim Projektträger für das Projekt Verantwortung tragen
b) Erörterung der Ergebnisse, Schlußfolgerungen und Empfehlungen
c) Festlegung der Konsequenzen, die
   - der Projektträger aus der Evaluierung ziehen wird (Was? Wann? Wie?)
   - das Hilfswerk (bezüglich des Projektes) aus der Evaluierung zieht
d) Auswertung der Evaluierungsergebnisse im Rahmen der Grundsatzarbeit des Hilfswerkes und des Projektträgers.

Die Autoren

Dr. Martin Dütting, geb. 1947, hat in Karlsruhe, Heidelberg und Bremen Informatik, Pädagogik, Medien- und Sozialwissenschaft studiert. Er war von 1975 bis 1982 und von 1986 bis 1989 wissenschaftlicher Mitarbeiter der Sektion Sozialpsychologie und -anthropologie an der Ruhr-Universität Bochum. Von 1982 bis 1986 arbeitete er zuerst als Medienexperte für INADES-Formation (IF) Cameroun, dann als pädagogischer Berater in der Zentrale von IF in Abidjan/Elfenbeinküste. Seit 1989 ist er bei Misereor als Referent für Evaluierungen tätig.

Dr. Volker Kasch, geb. 1950, studierte an den Universitäten Göttingen und Hamburg Sozialwissenschaften (Internationale Politik) mit dem regionalen Schwerpunkt Südostasien. Von 1982 bis 1984 war er wissenschaftlicher Mitarbeiter des Instituts für Politische Wissenschaft der Universität Hamburg. Danach arbeitete er in verschiedenen Organisationen der Arbeitsgemeinschaft Kirchlicher Entwicklungsdienst (u. a. Brot für die Welt). Seit Ende 1990 ist er Mitarbeiter im Referat Grundsatz und Information der Evangelischen Zentralstelle für Entwicklungshilfe e.V.

Dr. Heinz-Bernd Knüvener, geb. 1930, hat in Münster Wirtschafts- und Sozialwissenschaften studiert und war anschließend im Institut für Exportwirtschaft an der Universität Münster tätig. Er arbeitet seit 1967 bei Misereor, zunächst als Referent im Lateinamerikareferat, dann als Referatsleiter des Ostafrika- und seit 1982 des Evaluierungsreferates.

Reinhard Koppe, geb. 1945, ist Sozialwissenschaftler/Diplomverwaltungswissenschaftler und hat an der ETH Zürich einen Nachdiplomkurs Entwicklungsländer (mit sechsmonatigem Projektaufenthalt in Nepal) absolviert. 1978 – 1980 war er Referent der Fachgruppe Grundsatzfragen/Verwaltungsschulen und -institute der DSE/ZÖV und nahm 1980/81 einen Forschungsauftrag des BMZ zur „Aus- und Fortbildung von Verwaltungsfachkräften der Entwicklungsländer" wahr. Seit 1981 arbeitet er als Referent in der Planungs- und Grundsatzabteilung der AGKED mit Schwerpunkten im Bereich Evaluierung und Human Resource Development. Studien- und Arbeitsaufenthalte führten ihn nach Botswana, Burma, Indien, Kenia, Nepal, Tansania und Simbabwe.

Joachim Lindau, geb. 1944, hat an der Universität Erlangen-Nürnberg Sozialwissenschaften (mit Studienaufenthalt in Indien 1970/71) studiert. In den Jahren 1971/72 war er wissenschaftlicher Mitarbeiter am Institut für Soziologie und Sozialanthropologie in Nürnberg. Nach fünfjähriger Referententätigkeit bei Dienste in Übersee mit Schwerpunkt Vermittlung technischer Fachkräfte wechselte er 1978 in die Planungs- und Grundsatzabteilung der Arbeitsgemeinschaft Kirchlicher Entwicklungsdienst (AGKED). Seit 1990 ist er Referent für Evaluierung und entwicklungspolitische Grundsatzarbeit bei Brot für die Welt.

Erika Märke, geb. 1953, hat an der Universität Bonn Politologie, Volkswirtschaftslehre und Agrarsoziologie studiert. Seit 1973 ist sie in der Entwicklungsarbeit tätig, seit 1976 in der Arbeitsgemeinschaft Kirchlicher Entwicklungsdienst (AGKED). Arbeitsschwerpunkte: Projektbearbeitung in den Regionalbereichen Afrika und Asien, Referentinnentätigkeit im Bereich Grundsatz, Information und Evaluierung sowie Aufbau einer regionsübergreifenden Frauenarbeit.

Dr. Manfred Wadehn, geb. 1943, hat in Kiel Volkswirtschaft studiert und dort auch über Regional- und Stadtentwicklung promoviert. Verschiedenen Forschungsprojekten und Gutachten in diesem Bereich folgte eine Beratungstätigkeit in Brasilien (1976 – 79) bei einer Bundeskommission für Stadt- und Regionalpolitik. Ab 1979 war er bei der EZE (Bonn) zunächst zuständig für Evaluierung und Grundsatzfragen, dabei sowohl befaßt mit der ökumenischen Grundorientierung der Evaluierungsarbeit als auch mit praktischen Evaluierungseinsätzen. Von 1987 bis 1990 war er Leiter des Programmreferates Süd- und Mittelasien und ist seitdem Koordinator des gesamten Programmbereiches.